Inhalt

Zu diesem Heft

Liebe Leserinnen und Leser,

Lasst die Kirche im Dorf! So könnte man den Ertrag der in diesem Heft der Ökumenischen Rundschau versammelten Beiträge zum Thema „Kirchenräume in unterschiedlichen Kontexten" wohl am treffendsten zusammenfassen. Das Thema Kirchenraum und Kirchenraumnutzung wurde in den letzten beiden Jahrzehnten nicht nur bei uns zumeist mit folgenden Schlagworten verbunden: den eher pessimistischen Zukunftsaussichten der großen Kirchen, ihren sinkenden Mitgliederzahlen, den schwindenden personellen und finanziellen Ressourcen und den dadurch ausgelösten Dynamiken des Schrumpfens, der Konzentration auf die Kernaufgaben von Kirche oder der Reduktion des kirchlichen und gemeindlichen Engagements. Doch die hier vorgestellten Projekte und Konzepte sind gerade nicht von jenem resignativen Grundton geprägt, der gewöhnlich bei diesem Thema intoniert wird. Im Gegenteil! Die Kirche muss im Dorf bleiben, Kirchenräume müssen ihren Ort auch in der Mitte einer sich zunehmend säkular verstehenden Gesellschaft bewahren, wenn auch auf eine andere Art als zuvor – so lautet das einhellige Plädoyer. Die Erhaltung von Kirchenräumen, ihre Umwidmungen und die Veränderung von Nutzungskonzepten sind eine Herausforderung. Denn wie Albert Gerhards, der Verfasser unseres Grundsatzartikels zu Recht festhält: Einen Kirchenraum zu öffnen, ist weit gefährlicher als ihn zu schließen (Gerhards S. 453 ff). Wer auf Öffnung, auf Veränderung, auf Neues setzt, weiß nicht wirklich, ob die (neu)eröffneten Räume auch genutzt, sich wieder mit Leben füllen werden, ob Begegnung gelingt.

Kirchen als sakrale Räume haben immer durch ihre *Zwecklosigkeit* fasziniert. Als „heilige Orte" des Unverfügbaren, der Transzendenz, sind sie dadurch gekennzeichnet, dass sie den Alltag unterbrechen, indem sie dem ganz Anderen dieses Alltags Raum geben. Sie verändern dadurch zugleich diesen Alltag, weil sie seiner scheinbaren Alternativlosigkeit das Angebot des Anderssein- und Anderswerden-Könnens entgegensetzen. Sie erzeugen dadurch Resonanzen, die eine Dynamik der Veränderung in Gang setzen. In dieser Perspektive waren und sind Kirchen immer schon Begegnungs- und Resonanzräume des Lebens.

Unsere Autorinnen und Autoren sehen darin eine Chance. Ihre Konzepte zur Um-Nutzung von Kirchenräumen beeindrucken durch eine gemeinsame Grundintuition: Sie denken vom Nutzen für andere her, d. h. wofür Kirchen in einer Außenperspektive nützlich sein können und sollen, als Orientierung, Freiraum, Monumente kultureller Identität, Schätze des künstlerischen oder des historischen Erbes. Die dabei vorgestellten Projekte legen ein Statement ab für eine wiederzuentdeckende Verbindung von Kirche und Welt, von Glaubenspraxis und Sinnsuche, von drinnen und draußen, jenseits der Dualität von profan und sakral. Hier werden Kirchenräume, deren sakrale Matrix als Spur für unsere Zeit bewusst erhalten bleibt, erneut zu identitätsstiftenden Orten, Orten der Begegnung von Religion und Kultur, von Glauben und Wissenschaft, von Gesellschaft und Politik. Sie inszenieren dabei den fließenden Übergang von Glaubens- und Sehnsuchtsort, von Suchen und Finden, von Gewissheit und Zweifel – also all das, was in einer theologischen Perspektive schon immer mitten in der Kirche seinen Platz haben sollte. Dabei sind und bleiben die Kirchenräume aber auch Erinnerungsorte für eine gelebte und weiter prägende religiöse und kulturelle Identität, für ein zu bewahrendes historisches Erbe, aber auch für jenes leise Erahnen einer Alternative zum Leben hier und jetzt.

In seinem einführenden Beitrag schreitet *Albert Gerhards* unter der Zielperspektive *vom Nutzen der Umnutzung* die verschiedenen Dynamiken ab, die bei einer Neuorientierung von Nutzungskonzepten wirksam sein können. Die Trias Leerraum – Spielraum – Zwischenraum gibt die Struktur vor: Kirchenräume können auch außerhalb des Gottesdienstes zu Symbolorten Gott-menschlicher Begegnung werden; sie haben eine *diakonische Funktion,* indem sie Spielräume der Begegnung mit Kunst, Kultur, Politik, Gesellschaft etc. eröffnen; sie können als Zwischenräume neu entdeckt werden, indem sie als Beziehungsräume zwischenmenschlicher Begegnung Glaubensvollzug und Lebenspraxis auf neue Weise verbinden.

Das Element der Erinnerungsgestalt von Kirchenräumen prägt besonders die Frage der Erhaltung von Kirchen in Siebenbürgen als Erinnerungsort auch einer emigrierten Kultur, einer verlorenen Heimat, als Bewah-

rungsort dieser Kultur, die *Christoph Klein* in seinem Beitrag reflektiert.
Die großen Kulturdenkmäler der Kirchenburgen, die an vergangene Größe, aber auch an die damit verwobenen Lebensgeschichten erinnern, werden zu einem Identitätsort ganz eigener Natur, mit dem auf unterschiedliche Weise umgegangen wird: bewahrend und erhaltend, weitergebend und wiederaneignend, aber auch abschiedlich.

Die Situation der Orthodoxen Kirchen als Diaspora- oder Migrationskirchen, die zunächst im Provisorium leben, Kirchenräume anderer Konfessionen nutzen, sich etablieren, in der *Fremde* einrichten, ihre Identität aber gerade auch aus der Erinnerung an die *Heimat* und die Tradition heraus bestimmen, nimmt der Beitrag von *Radu Constantin Miron* in den Blick. Hier zeigt sich eine andere Seite von Tradition, weil gerade der orthodoxe Kirchenbau ein Beispiel dafür liefert, wie in der Fremde die Heimat zwar Orientierung und Halt bietet, zugleich aber auch zum konservierenden Beharrungszustand in der Vergangenheit werden kann. Kirchenbau in der Diaspora wagt, so Miron, zu wenig Neues, nimmt die eigene Tradition eben nicht als lebendige Tradition wahr, die das Eigene im Dialog einer sich verändernden (Um-)Welt immer neu zu verstehen lernt, um sich in sich verändernden Zeiten auf andere Weise doch treu zu bleiben.

Einen besonderen Kirchen-Neubau beschreibt *Alexander Deeg* mit der Universitätskirche St. Pauli in Leipzig. Dieser Neubau ist nicht nur ein Akt der Bewältigung von Vergangenheit und der dort erfahrenen Verletzungen, sondern er enthält ein Statement für die Gegenwart und die Zukunft. Der als bewusste Hybridlösung umgesetzte Bau – er ist Kirchenbau und Repräsentationsraum/Aula der Universität zugleich – ist ein architektonisches Bekenntnis zu einer neuen Verhältnisbestimmung von Kirche und Welt/Gesellschaft. Das Wechselspiel von Kultus und Kultur lebt vom fließenden Übergang des Sakralen und des Profanen und schafft so einen offenen Raum, zur Kontaktmöglichkeit auch für kirchlich Fernstehende und religiös Suchende.

Während Leipzig die Verbindung von Kirche und Welt als Ziel hat, hat sich Freiburg – wie der Beitrag von *Stefan Orth* zeigt – zunächst einmal auf einen gemeinsamen ökumenischen Weg gemacht. Im neuentstandenen Stadtteil Freiburg-Riesenfeld musste sich Kirche ohne traditionelle kirchliche oder althergebrachte konfessionelle Gemeindestrukturen eben neu erfinden und sie tut das ökumenisch. Dabei herausgekommen ist kein ökumenisches Gemeindezentrum, sondern ein moderner Kirchenbau, bei dem nach Bedarf die Wände verschoben werden können. Das Gemeinsame, Verbindende bildet nicht nur die Basis des Baus, sondern auch das Fundament des gemeinsamen ökumenischen Engagements, sei es die missionarische Seelsorge im Neubauviertel, der Kirchenladen als niederschwelliges

454 Angebot, oder das liturgische Angebot, das sich eben statt an der traditionellen alltagszyklischen Frömmigkeit an der (kirchen-)jahreszeitlichen der späten Moderne orientiert. Ein Modell nur für städtische Neubauviertel oder eines für die Zukunft?

Unter dem Stichwort der Umwandlung oder Umwidmung von Kirchenräumen werden verschiedene Projekte präsentiert. *Burkard Severin* stellt uns den „Dialograum Kreuzung an Sankt Helena" vor. Im Rahmen der Schaffung größerer Pastoralräume in der Erzdiözese Köln ist die ehemalige Pfarrkirche St. Helena in Bonn bewusst umgewidmet worden, um im Kirchenraum selbst einen Dialograum für christlichen Kult und zeitgenössische Kultur zu schaffen. Der alte Sakralraum ist dabei beibehalten worden, damit der Kirchenraum weiterhin als ein solcher erkennbar bleibt, so eine Erinnerung an den christlichen Kult wachhält und dennoch einen experimentierfreudigen, aber auch spannungsreichen Raum der Begegnung von Glauben, Wissenschaft, Kultur und Gesellschaft eröffnet. Dabei ist aber nicht das Gewinnen neuer Mitglieder das Ziel, sondern die Eröffnung eines Freiraums, der aus dem Sich-gegenseitig-Befragen-Lassen Neues erwachsen lassen kann.

Das zweite Beispiel aus der Feder von *Tobias Fritsche* stellt uns das Konzept einer Jugendkirche vor. Es arbeitet mit dem Kirchenraum sowohl als emotional wirksamem Resonanzraum des Heiligen, in dem die Insignien des Sakralen erhalten bleiben, wie als Ort des Mit- und Ineinanders von altersspezifischen Elementen der Jugendkultur und Glaubenstradition. Bei den Gottesdienstinszenierungen sind Licht-, Ton- und Medientechnik, also Werkzeuge einer modernen Performanz ebenso wichtig wie die Erfahrung von Gemeinschaft. Der Kirchenraum wird beteiligungsorientiert inszeniert, bietet aber auch individualisierte Freiräume zu Bewegung, Tanz, gemeinsam erlebter Spiritualität.

Ein singuläres Phänomen einer Umnutzung stellt das von *Henrike Rabe* unter der Rubrik *Junge Ökumeniker*innen* vorgestellte Projekt der Transformation der ehemaligen Kapernaumkirche Hamburg-Horn zur Moschee der Al-Nour-Gemeinde dar. Dass aus einer Kirche eine Moschee wird, hat auch gesellschaftspolitische Sprengkraft. Hegemoniale Machtdiskurse werden in den Diskussionen darum ebenso greifbar wie Identitäts- und Verlustängste. So schwankt die öffentliche Bewertung zwischen dem Wahrnehmen einer „Chance für den interreligiösen Dialog" oder der Furcht vor einem gesellschaftlichen „Dammbruch". Die dabei sichtbar werdenden Dynamiken gilt es mit Blick auf zukünftige Entwicklungen wahr- und ernst zu nehmen.

Desweiteren bringen wir noch einen Vortrag von *Kai Horstmann,* der das ökumenische Bibellesen für einen Weg hält, „Lehrdifferenzen als Unterschiede im Verstehen des Wortes Gottes zunächst besser zu verstehen und den kirchentrennenden Charakter von Lehrdifferenzen zu überwinden" (S. 566).

Unserer Dokumentationspflicht besonderer ökumenischer Ereignisse kommen wir durch den Bericht von der Tagung des Zentralausschusses des Ökumenischen Rates der Kirchen (ÖRK) im Juni 2018 und den Abdruck der „Theologischen Einladung zum Pilgerweg der Gerechtigkeit und des Friedens" der Kommission für Glauben und Kirchenverfassung des ÖRK nach. Beide Texte werden durch die nun zugängliche deutsche Übersetzung hoffentlich auch bei uns eine größere Aufmerksamkeit finden. Eine besondere Art der Dokumentation sind die beiden Ansprachen von Papst Franziskus, die er bei der Begegnung und dem gemeinsamen Gebet bei seinem Besuch in Genf zum 70. Gründungstag des ÖRK gehalten hat.

„Gemeinsam gehen ist für uns Christen nicht eine Strategie, um größer herauszukommen, sondern ist ein Akt des Gehorsams gegenüber dem Herrn und der Liebe zur Welt" – diese Worte des Papstes sind sicher auch ein gutes Schlusswort für dieses Editorial.

Viel Spaß beim Lesen wünschen im Namen des Redaktionsteams

Johanna Rahner und Oliver Schuegraf

Kirchengebäude – eine ökumenische Herausforderung

Albert Gerhards[1]

Der Schweizer Architekt Mario Botta gehört zu den prominenten zeitgenössischen Vertretern seiner Zunft, die in ihrem Werkverzeichnis auch bedeutende Kirchenbauten aufzuweisen haben, Botta unter anderem die Kathedrale von Evry oder die Chiesa Santo Volto in Turin. In einem Gesprächsband mit dem Titel „Architektur leben" antwortete er seinem Gesprächspartner Marco Alloni auf die Frage, welche seiner Werke seiner Meinung nach am längsten Bestand haben würden: „Das ist schwer zu sagen. Ich glaube die, die besser instandgehalten werden oder vielleicht besser gebaut sind. Aber ich wünsche mir, dass unter meinen zahlreichen Werken auch ‚manches Kirchlein' überleben wird."[2] Diese Akzentsetzung verwundert insofern, als der Architekt trotz seiner zahlreichen Sakralbauten eher nicht den klassischen Kirchenbaumeistern zuzuordnen ist. Allerdings bekennt er an gleicher Stelle, sein größter Wunsch wäre es, ein Kloster zu bauen.[3] Die besondere Wertschätzung der Klosterarchitektur hat freilich etwas mit einer von Mönchen (und Nonnen) freiwillig gewählten Lebensordnung zu tun, in der die verschiedenen Lebensräume alle die gleiche Intensität aufweisen. Ein ganz ähnliches Konzept wurde schon in den zwanziger Jahren des vorigen Jahrhunderts verwirklicht, bei der Umgestaltung von Burg Rothenfels am Main für die Jugendorganisation Quickborn durch Romano Guardini und Rudolf Schwarz. Hier galten der Kapelle, dem Rittersaal als multifunktionalem Versammlungsraum sowie dem Refekto-

---

[1] Albert Gerhards ist Professor emeritus für Liturgiewissenschaft an der Katholisch-Theologischen Fakultät der Universität Bonn.
[2] *Mario Botta:* Architektur leben. Ein Gespräch mit Marco Alloni, Bern 2012, 197.
[3] Vgl. ebd., 183.

rium die gleiche planerische Sorgfalt und architektonisch-künstlerische Konsequenz, die die Burg bis heute als einen besonderen Lebensraum erfahren lassen.[4] Das Profane und das Sakrale, Natur und Übernatur bilden in solchen Architekturgefügen eine lebensfördernde Synthese.

Die Faszination vieler erstklassiger Architekten und Künstler für sakrale Räume unabhängig von ihrer religiösen Einstellung – zu nennen wären etwa Le Corbusier, Henry Matisse, Fernand Léger oder in neuerer Zeit Richard Meyer, Sigmar Polke, Gerhard Richter und andere – hat sicherlich unterschiedliche Gründe. Ein zentraler Grund ist aber das Gespür für die Besonderheit „heiliger Orte" im Sinne des Transzendenten, Unverfügbaren und nicht kommerziellen Zwecken Unterworfenen. „Luoghi dell'infinito" – „Orte des Unendlichen" heißt eine italienische Monatsschrift zu Kunst und Kultur. Mit der Erfahrung zunehmender Begrenzung der Ressourcen wächst die Sehnsucht nach Orten des Unendlichen. Man kann sie auf vielfältige Weise zu befriedigen suchen – im Heuschreckentourismus, durch die Flucht in virtuelle Räume, in Rauschzustände. Demgegenüber lassen sich aber auch Gegenbewegungen feststellen, die keineswegs auf die sogenannte Bildungsschicht begrenzt sind. Der Pendelrückschlag der Globalisierung beinhaltet nicht nur die hässlichen Seiten wie Fremdenhass und Ausgrenzung, sondern auch positive Aspekte wie die Wertschätzung des eigenen Ortes und seiner identitätsstiftenden Raummarken. Dazu gehören in Europa mit an erster Stelle sakrale Gebäude wie Kirchen, Klöster und Kapellen. Die Wertschätzung dieser Orte wird nicht nur von denen geteilt, die sowieso zur Kirche gehen oder wenigstens Kirchensteuer zahlen, sondern auch – oder sogar in besonderem Maß – von Menschen unterschiedlichster Bevölkerungsgruppen, die nicht kirchlich oder religiös gebunden sind.

In der klassischen Zuordnung gelten Kirchengebäude nach römisch-katholischem Verständnis als sakral, nach evangelischem dagegen als mehr oder weniger neutral, je nach konfessioneller Ausrichtung. Wie Klaus Raschzok in einem Band „Typisch katholisch – Typisch evangelisch" bemerkt, nähern sich zeitgenössische katholische und evangelische Kirchenräume einander zunehmend an, wenn auch Unterschiede bleiben.[5] Er bezieht sich allerdings mehr auf die Innengestaltung. In Bezug auf die allgemeine Wahrnehmung und Wertschätzung von Sakralgebäuden lässt sich mitunter geradezu eine gegenläufige Bewegung feststellen: Auf evan-

---

[4] Vgl. *Frédéric Debuyst:* Romano Guardini. Einführung in sein liturgisches Denken, Regensburg 2009, 66–92.

[5] Vgl. *Klaus Raschzok:* Kirchenraum; in: *Michael Meyer-Blanck/Walter Fürst* (Hg.): Typisch katholisch. Typisch evangelisch. Ein Leitfaden für die Ökumene im Alltag, Rheinbach u. a. ³2006, 132.

gelischer Seite werden Kirchengebäude wieder entdeckt, geöffnet ("Offene Kirchen") und als besondere Orte vermittelt (Kirchenraumpädagogik), auf katholischer Seite werden Kirchen zunehmend verschlossen, so dass außerhalb der spärlichen Gottesdienstzeiten keine Möglichkeit zu persönlichem Gebet mehr besteht. Kerzen kann man zuweilen leichter in einer evangelischen als in einer katholischen Kirche anzünden. Die Reduktion auf die an sich vornehmste Funktion einer Kirche, nämlich Ort der sonntäglichen Gemeindeversammlung zur Eucharistie bzw. zum Hauptgottesdienst zu sein, führt unweigerlich zum Verlust des Kirchengebäudes, spätestens dann, wenn nicht einmal mehr regelmäßig eine sonntägliche Feier stattfinden kann. Hier hat – als fatale Folge missverstandener Liturgiereform des Zweiten Vatikanischen Konzils – eine Funktionalisierung des ursprünglichen Verständnisses des Kirchenraums stattgefunden, der einmal weite Teile des Spektrums katholischer Spiritualität abdeckte.[6]

Aus den bisherigen Überlegungen schält sich eine Grundthese heraus, die konfessionsübergreifend gilt: Bei der notwendigen Neuorganisation der Seelsorge-Räume in den Landeskirchen und Diözesen sind die sakralen Orte dann falsch platziert, wenn sie in erster Linie als schwer zu vermarktender Immobilienbestand und folglich als Hindernis einer großräumigen Neuplanung in Richtung Konzentration auf wenige Kirchenzentren angesehen werden. Richtiger wäre es, zunächst vom Bestand auszugehen und zu fragen, welche Potentiale einer neuen – womöglich völlig anderen – Präsenz vor Ort in den Gebäuden liegen, wobei hier auch neue Wege der Gebäudeunterhaltung im Sinne von Nutzungsteilung und Teilumnutzung gefunden werden müssen. Beispiele – positive wie problematische – liegen inzwischen in großer Zahl vor.[7]

Generell handelt es sich hier um ein Plädoyer, die längst in der Gesellschaft angekommene Umnutzungsdebatte in eine Nutzungsdebatte umzuwandeln, d. h. eine Bewegung weg von den Gegenständen ("zu was nütze?") hin zu den Personen ("wem zu Nutzen"?) zu vollziehen.[8] Kirchengebäude dienen nicht nur den leider meist wenigen Kirchgängern, sondern einem beträchtlichen Teil der Bevölkerung als Orientierungs-

---

[6] Vgl. *Albert Gerhards:* Wo Gott und Welt sich begegnen. Kirchenräume verstehen, Kevelaer 2011.

[7] Vgl. z. B. *Wüstenrot Stiftung* (Hg.): Kirchenräume und ihre Zukunft: Sanierung – Umbau – Umnutzung, Ludwigsburg 2017.

[8] Vgl. *Albert Gerhards/Kim de Wildt* (Hg.): Der Sakrale Ort im Wandel (Studien des Bonner Zentrums für Religion und Gesellschaft 12), Würzburg 2015; *Albert Gerhards/Kim de Wildt* (Hg.): Wandel und Wertschätzung. Synergien für die Zukunft von Kirchenräumen (Bild – Raum – Feier. Studien zu Kirche und Kunst 17), Regensburg 2017.

punkte, Freiräume, Räume der Alterität oder auch als architektonische und künstlerische Monumente. Sie sind, um einen Begriff des Marburger Theologen Thomas Erne aufzugreifen, „hybride Räume der Transzendenz".[9] Insofern sind sie nicht nur erhaltenswert, sondern sollten mit sinnvollem Inhalt gefüllt werden. Diese Aufgabe sollten die Kirchengemeinden aber nicht ohne weiteres an andere abtreten, was bislang mit teils desaströsen, mitunter allerdings auch respektablen Ergebnissen geschieht, sondern sie sollten das Heft in der Hand behalten oder, um ein anderes Bild zu verwenden, statt nur Steigbügelhalter für kommerzielle Nachnutzer zu sein, lieber vorne mit am Zügel ziehen. Der Grund dafür ist einsichtig: Sakralgebäude haben einen Symbolwert, der auch über den kirchlichen Gebrauch hinaus fortbesteht. Nachnutzer wissen sich dessen wohl zu bedienen. Der immaterielle Mehrwert lässt sich mitunter in klingende Münze umwandeln. Allerdings mutiert ein irreführendes Symbol zum Diabol, wenn die Nachnutzer nicht respektvoll damit umgehen, und als letzte Konsequenz verlieren alle Kirchengebäude ihre Symbolfunktion, wenn der überwiegende Teil anderen Zwecken und anderen Herren dient. Wenn aber die Sakralgebäude als solche für viele Menschen nachweisbar einen hohen Stellenwert besitzen, ist es unsinnig, sie aufzugeben, nur weil sie für gegenwärtige Gemeindebedürfnisse nicht mehr gebraucht werden – wobei auch dies im Einzelfall zu prüfen wäre, da die Entscheidungsprozesse nicht selten über die Köpfe der unmittelbar Betroffenen hinweg laufen.

Im Folgenden soll das Argument in drei Schritten – Leerraum, Spielraum, Zwischenraum – vertieft und an einigen Beispielen konkretisiert werden.[10]

Leerraum

Christen brauchen keine Tempel, aber sie brauchen Versammlungsräume. Gilt aber auch der Umkehrschluss? Wenn die vorhandenen Räume nicht mehr gefüllt werden zur sonntäglichen Gottesdienstversammlung,

---

[9]   Vgl. *Thomas Erne:* Hybride Räume der Transzendenz. Wozu wir heute noch Kirchen brauchen. Studien zu einer postsäkularen Theorie des Kirchenbaus, Leipzig 2017; dazu *Albert Gerhards:* Transformation von Kirchenräumen – ein zukunftsweisendes Projekt für Kirche und Gesellschaft; in: *Gerhards/de Wildt,* Wandel und Wertschätzung, 13–29, bes. 17–20.
[10] Die folgenden Ausführungen fußen auf einem Vortrag während der Akademie zum Aschermittwoch der Künstler im Erzbistum Köln am 14. Februar 2018 im Maternushaus in Köln.

sind sie dann obsolet, weil funktionslos? So jedenfalls werden Berechnungen nach dem Kosten-Nutzen-Modell angestellt. Gestützt wird diese „Heilsökonomie" durch ein Liturgieverständnis, aufgrund dessen man das Gottesdienstangebot der römisch-katholischen Kirche auf die sonntägliche Eucharistiefeier reduziert und dementsprechend den Kirchenraum nur zu diesem Anlass öffnet.

Wozu Kirchenräume auch dienen können, erfährt man zuweilen aus der Literatur. Der 1951 in Köln geborene Schriftsteller Hanns-Josef Ortheil lässt in seinem 2012 erschienenen, autobiographisch geprägten Buch „Das Kind, das nicht fragte" den Protagonisten Benjamin Merz im Dom der sizilianischen Stadt Mandlica (alias Modica, Geburtsort des Dichters und Nobelpreisträgers Salvatore Quasimodo) reflektieren:

> „*Großer Gott!* Wie oft bin ich in eine Kirche gegangen, wenn es mir schlecht ging und ich nicht wusste, wie ich mich von meinen Lähmungen befreien sollte! Der Gang in eine Kirche half mir beinahe immer, vor allem, wenn es eine alte Kirche war. Ich setze mich ins Dunkel, in eine der hintersten Reihen, und ich warte, bis mich die Jahrhunderte einholen und aufnehmen. Seit endlos erscheinender Zeit, denke ich, sind Menschen in genau diese Kirche gegangen, wenn sie nicht weiterwussten. Kirchen sind Räume, die nicht für die Starken, sondern für die Hilflosen gebaut wurden. Niederknien, den Kopf senken, ein Gebet sprechen – unabhängig davon, ob ich alles glaube und teile, was von den Priestern in einer Kirche gepredigt wird, haben solche Gesten der Hilflosigkeit zunächst einmal etwas Beruhigendes. Mit ihnen nehme ich mich zurück und gebe mir selbst zu erkennen, dass meine Sorgen und Probleme nicht weltbewegend sind und dass ich nicht der Einzige bin, der Sorgen und Probleme hat. Und wenn dann die anderen Gläubigen kommen und sich ebenfalls hinknien und beten und wenig später in den Gesang des Priesters einstimmen, finde ich meine zuvor noch so ausgelöscht erscheinende Stimme wieder..."

Das Problem des Ethnologen Benjamin Merz sind seine vier älteren Brüder, sein Über-Ich (biographisch die früh verstorbenen Geschwister Ortheils). Ständig muss er sich mit ihnen auseinandersetzen, so auch hier:

> „Dass man in einer Kirche, in der gerade kein Gottesdienst stattfindet, nicht weiß, was man tun soll, erscheint mir als ein bedrohliches Zeichen. Meine Brüder, denke ich, haben keine eigene Sprache für den Aufenthalt in einer Kirche, stattdessen schließen sie sich, ohne lange darüber nachzudenken, der Sprache der Gottesdienste und offiziellen Gebete an. Das ist, wie ich ja bereits sagte, nicht falsch und hat oft eine durchaus reinigende Wirkung. Es sollte aber nicht alles sein, nein, die Sprache der Gottesdienste und offiziellen Gebete sollte lediglich eine Vorgabe dafür sein, dass

man zu einer eigenen Sprache findet. Zu einer Glaubenssprache. Zu einer Sprache vor Gott."[11]

Ortheil befindet sich hier, vielleicht ohne es zu wissen, in bester Gesellschaft. Nach Benedikt von Nursia ist das ganze festgelegte Gemeinschaftsgebet von persönlichem Gebet durchsetzt, die Gebetszeiten sind von freiem Gebet umgeben,[12] d. h. bei Benedikt ist „die Idee von der Aufgipfelung des festgelegten im freien Gebet"[13] noch geläufig. Damit aber ist der Versammlungsraum nicht nur Behältnis für soziale Interaktion, sondern Leerraum im Sinne eines Erwartungsraums möglicher Gotteserfahrung. Nicht von ungefähr hat sich für die Tagzeitenliturgie klösterlicher Gemeinschaften der Chorraum mit der freien Mitte und dem Chorgestühl durchgesetzt, der Nähe und Distanz, Gemeinschaftserfahrung und Für-sich-Sein gleichermaßen gewährleistet.

Wie in der Musik das Verstummen, die Pause, das notwendige Pendant zum Klang bildet, so bildet auch in der Liturgie die Stille den Gegenpol zu Verlautung in Wort und Gesang. Das lässt sich auch auf den Raum übertragen, der durch die Dialektik von Fülle und Leere belebt wird. Auch außerhalb des Gottesdienstes – vielleicht dann sogar noch mehr als in seinem Verlauf – können Kirchenräume Symbol Gott-menschlicher Begegnung sein. Berühmtes Beispiel ist die 1930 erbaute Fronleichnamskirche von Rudolf Schwarz in Aachen. Die Schwelle, in St. Fronleichnam durch den Altar vor der weißen Wand verkörpert, ist der Überschritt von der Welt in die Ewigkeit. Die eigentliche Schwellenüberschreitung geschieht zwar im Gebet und in der Liturgie. Bereits im Jahr 1928 schrieb Schwarz in der Zeitschrift „Schildgenossen":

„Christus ruft in der Schöpfung den Vater an und beginnt mit ihm einen Dialog, und zwar einen schöpferischen, aus dem neue Formen entstehen, und so wird die vergängliche Form der Welt hineingezogen in den großen und geheimnisvollen Dialog von Erkenntnis und Liebe zwischen Vater und Sohn, in die Fruchtbarkeit des Heiligen Geistes."[14]

---

[11] *Hanns-Josef Ortheil:* Das Kind, das nicht fragte, München ²2014, 108–111.
[12] Vgl. *Balthasar Fischer:* Das Verhältnis von festgelegtem Gemeinschaftsgebet und freiem Gebet des einzelnen in der Regel des heiligen Benedikt; in: *ders.:* Frömmigkeit der Kirche. Gesammelte Studien zur christlichen Spiritualität, hg. v. *Albert Gerhards* und *Andreas Heinz* (Hereditas. Studien zur Alten Kirchengeschichte 17) Bonn 2000, 18–34.
[13] Ebd., 24.
[14] *Rudolf Schwarz:* Geistliche Übung. Gedanken zu einer Werklehre des Gebets; in: Die Schildgenossen 8 (1928), 23–27.

Weil die eigentliche Füllung der vom Geist Gottes geleitete Gottmenschliche Dialog ist, bedarf es für den Kirchenraum der „gefüllten Leere". Die gefüllte Leere wird aber in der Architektur der Fronleichnamskirche zum Bild, wie schon Romano Guardini erkannte: „Das ist keine Leere; das ist Stille! Und in der Stille ist Gott. Aus der Stille dieser weiten Wände kann eine Ahnung der Gegenwart Gottes hervorblühen."[15] Guardini hat den hohen künstlerischen Anspruch dieses Raums, der auch über das gottesdienstliche Geschehen hinaus wirkt, ins Wort gefasst. Noch Jahrzehnte später hat Rudolf Schwarz die Fronleichnamskirche vor allem als eine „Aussage religiöser Poesie" verstanden wissen wollen.[16]

Spielraum

Vor 100 Jahren erschien Romano Guardinis berühmte Schrift „Vom Geist der Liturgie". Dieses enthält ein Kapitel „Liturgie als Spiel". Darin heißt es:

> „Liturgie üben heißt, getragen von der Gnade, geführt von der Kirche, zu einem lebendigen Kunstwerk werden vor Gott, mit keinem andern Zweck, als eben vor Gott zu sein und zu leben; heißt, das Wort des Herrn erfüllen und ‚zu werden wie die Kinder'; einmal verzichten auf das Erwachsensein, das überall zweckhaft handeln will, und sich entschließen, zu spielen, so wie David tat, als er vor der Arche tanzte. Freilich kann es dabei geschehen, dass allzu kluge Leute, die vor lauter Erwachsensein die Freiheit und Frische des Geistes verloren haben, dies nicht verstehen und darüber spotten. Aber auch David musste es sich gefallen lassen, dass Michol über ihn lachte."[17]

Nun ging es Guardini sicher nicht darum, die Kirchen in Tanzsäle zu verwandeln, wohl aber, Liturgie und Leben aufeinander zu beziehen, wie er dies auf Burg Rothenfels in der Zeit zwischen den Weltkriegen mit Tausenden von jungen Menschen geübt hat. Der Rittersaal wurde zum *White Cube* – ein Novum in der Geschichte der Weltarchitektur. Er ermöglichte unterschiedliche Formen der Versammlung, nicht nur zur Liturgie, die hier

---

[15] *Romano Guardini:* Die neuerbaute Fronleichnamskirche in Aachen; in: Die Schildgenossen 11 (1931), 267.

[16] *Wolfgang Pehnt:* Rudolf Schwarz. Architekt einer anderen Moderne, Ostfildern-Ruit 1997, 77.

[17] *Romano Guardini:* Vom Geist der Liturgie, Freiburg [20]1997, 66 f.

„versus populum" gefeiert wurde. In seinem letzten Buch „Kirchenbau" (1960) veröffentlichte Schwarz eine Reihe von Varianten (mit entsprechender Lichtschaltung der Soffitten).[18] Der freie, gestaltbare Raum bot Möglichkeiten kreativer künstlerischer Entfaltung, ein „Tanzen vor Gott".

Bei Beratungsgesprächen in Kirchengemeinden mache ich oft den Vorschlag, die Kirche erst einmal leer zu räumen: zunächst von den obligatorischen Topfpflanzen und den Relikten längst vergessener Aktionen, dann vielleicht – zumindest virtuell – von den Bänken. Der Raum wird zum Leerraum und damit zum Spielraum. Gelegentlich ermöglicht ein besonderer Anlass solche Erfahrungen, so etwa der Weltjugendtag mit dem leergeräumten Kölner Dom. Dieser wurde schon wiederholt zum Ort spektakulärer Licht- und Toninszenierungen, so 2013 anlässlich des Nationalen Eucharistischen Kongresses: Events – nicht mehr, aber auch nicht weniger und für viele eine Erglärerfahrung mit einem sakralen Raum.

Es gibt zahlreiche Kirchen, in denen sich „Spiel" im weitesten Sinn ereignet. Verschiedene Sparten lassen sich unterscheiden: Kunstkirchen, Kulturkirchen, Jugendkirchen, Citykirchen, um nur einige zu nennen. Die Frage ist, ob sie noch als „sakrale Räume" wahrgenommen werden oder nicht. Es ist sicher riskanter, einen Kirchenraum zu öffnen, als ihn zuzuschließen. Zu nennen sind einige Beispiele aus dem Rheinland:

In Jahrzehnten ist in der Peripherie von Krefeld ein Kirchenraum gewachsen, der ein „Spielraum" vielfältiger Begegnung ist, nicht nur zwischen Kirche und Kunst, die Kirche Pax Christi. Das Erbe von Pfarrer Karl Josef Maßen weiterzutragen ist eine große Verpflichtung, aber auch eine große Chance. Ähnliches gilt für Sankt Peter in Köln, ganz anders gelagert mit seinen wechselnden Ausstellungen. Auch dieses Projekt, nach der Ära Friedhelm Mennekes kontinuierlich weiterentwickelt, beruht wie das in Krefeld weitgehend auf ehrenamtlichem Engagement. Die 1960 von Emil Steffann und Nikolaus Rosiny erbaute Kirche St. Helena im Bonner Norden wurde im Zuge der pastoralen Neuorganisation aus der Bistumsfinanzierung genommen. Statt sie zu verkaufen, gründeten Gemeindemitglieder und andere Interessierte einen Trägerverein, der unter dem Label „Kreuzung an St. Helena" die zahlreichen Aktivitäten koordiniert, die teils in Eigenregie, teils in Kooperation oder ganz seitens anderer Träger organisiert werden. Der im ersten Stock gelegene, nach wie vor nicht profanierte Kirchenraum brauchte baulich kaum verändert zu werden. Im Erdgeschoss

---

[18]   *Rudolf Schwarz:* Kirchenbau. Welt vor der Schwelle, Nachdruck der 1. Auflage von 1960, hg. v. *Maria Schwarz, Albert Gerhards* und *Josef Rüenauver,* Regensburg 2007, 40 f.

[19]   Siehe dazu den Beitrag in diesem Heft, 497 ff.

befindet sich ein Kapellenraum für die gottesdienstliche Nutzung.[19] „Aufbruch statt Abbruch" betitelte der damalige Stadtjugendpfarrer Dominik Meiering die Publikation über die Umwandlung von St. Johann Baptist in das Jugendpastorale Zentrum „Crux".[20] Das Projekt wurde im Jahr 2017 auf dem „Convegno liturgico internazionale" im Monastero die Bose/Piemont vorgestellt, wo das Konzept der vierfachen Zonierung des Kirchengebäudes zwischen Transformation und Identität des sakralen Raums und der dadurch gegebenen Möglichkeiten innovativer Jugendarbeit auf großes Interesse stieß.[21] Eine internationale Tagung des Päpstlichen Kulturrats im November 2018 unter dem Thema „Wohnt Gott hier nicht mehr?" in Rom warb auf dem Flyer gleich mit zwei Bildern von Crux.

City-Kirchen gibt es hierzulande viele und auch viele, teilweise widersprüchliche Konzepte. In Aachen hat man in der ehemaligen Franziskanerkirche eine ökumenische Citykirche eingerichtet, im Relikt des Kreuzgangs befindet sich eine Anbetungskapelle, während der Chorraum weiterhin für Gottesdienste reserviert bleibt. Ähnlich verhält es sich mit der ehemaligen Hauptpfarrkirche und jetzigen Citykirche St. Maria Himmelfahrt in Mönchengladbach, wo der Chorraum optisch durch Schiebeelemente abtrennbar ist, ohne ihn aber zu verleugnen. Hier sind die Zonierungen im Raum für die unterschiedlichen Nutzungen von Bedeutung.

Welchen Spielraum bieten aber Umnutzungen im weiteren Sinn? Mein Plädoyer lautet hier, Kirchenräume nicht zu schnell aus der Hand zu geben und stattdessen ihr diakonisches Potential zu erkunden. Wenn Kirchen mehr sind als Versammlungsräume für den sonntäglichen Gottesdienst, wenn sie darüber hinaus Leer- und Spielräume für mannigfaltige Begegnung unterschiedlichster Art und unterschiedlichster Personenkreise sind, dann haben sie eine Aufgabe auch dann, wenn sie nicht mehr regelmäßig zum Gottesdienst genutzt werden. In welche Richtung sich der Raum entwickelt, ist möglicherweise erst am Ende eines ergebnisoffenen Prozesses klar, auf den sich die Gemeinde allerdings einlassen muss. Dies scheint aber im Rahmen der derzeitigen Bemühungen um die Neuausrichtung des kirchlichen Lebens insgesamt eine Notwendigkeit zu sein. Bei der Evaluierung der bisherigen Arbeit und der Sondierung der demographischen, sozialen und sonstigen Komponenten dürfen die Sakralgebäude nicht aus-

---

[20] Vgl. *Dominik Meiering/Joachim Oepen* (Hg.): Aufbruch statt Abbruch. Die Kirche St. Johann Baptist in Köln, Köln 2009.

[21] Vgl. *Albert Gerhards/Kristell Köhler:* Spazi di ieri per liturgie di oggi. Il centro di pastorale giovanile Crux di Colonia; in: *Goffredo Boselli* (Hg.): Abitare celebrare trasformare. Atti del XV Convegno liturgico Internazionale, Bose Io-3 giugno 2017, Magnano 2018, 185–197.

schließlich als kostenintensive und damit möglichst zu minimierende Faktoren betrachtet werden, sondern sind auch einmal von der anderen Seite her zu sehen als Identifikationsfaktoren nicht nur der Gemeindemitglieder, sondern weiter Teile der Gesamtbevölkerung. Dies bedeutet weiter, dass die Räume mit-zu teilen sind im doppelten Sinn: als diakonische Offerte an die Öffentlichkeit für bestimmte Anlässe, aber auch als öffentliche geschützte Räume, dann aber auch im Sinne der Kosten-Teilung hinsichtlich der Bauunterhaltung. Hierzu gibt es bereits zukunftsweisende Beispiele.[22] Das kann unter Umständen auch mit einem Besitzwechsel einhergehen, entscheidend sind die Vertragsgestaltung und die bleibende Einflussnahme der Gemeinde. Aber ohne persönliches Engagement funktioniert Kirche sowieso nicht. Als jüngeres Beispiel einer Umnutzung ist eine der beiden prämierten Einsendungen des Wettbewerbs „Kirchengebäude und ihre Zukunft" der Wüstenrot-Stiftung 2016 zu nennen.[23] Hier geht es um das „Stadtteilzentrum Q1 – Eins im Quartier. Haus für Kultur, Religion und Soziales im Westen" in Bochum Stahlhausen (Umbau soan architekten boländer hülsmann GbR 2015). Der Bau der 1960er Jahre wurde für das neue Sozialzentrum durch einen winkelförmigen Anbau ergänzt. Der ehemalige Altarraum der Kirche bildet nun als „Raum der Stille" das Herz der Anlage. Er wird weiterhin auch als Gottesdienstraum genutzt, der kaum veränderte ehemalige Kirchenraum dient als Gemeindesaal und Veranstaltungsraum. Die evangelische Kirchengemeinde ist nicht mehr für sich isoliert, sondern mitten im Geschehen, im Interesse, im Dazwischen-Sein.

Zwischenraum

„Die Weisheit hat ihr Haus gebaut, ihre sieben Säulen behauen. Sie hat ihr Vieh geschlachtet, ihren Wein gemischt und schon ihren Tisch gedeckt. Sie hat ihre Mägde ausgesandt und lädt ein auf der Höhe der Stadtburg: Wer unerfahren ist, kehre hier ein. Zum Unwissenden sagt sie: Kommt, esst von meinem Mahl und trinkt vom Wein, den ich mischte! Lasst ab von der Torheit, dann bleibt ihr am Leben und geht auf dem Weg der Einsicht!" (Spr 9,1–6).

Es ist nicht unsere eigene Weisheit, die wir zu verkünden haben, sondern die Weisheit Gottes. Maria, Sitz der Weisheit, präsentiert Christus-Sophia, besonders eindrucksvoll auf dem Apsisbild der Hagia Sophia in

---

[22] Vgl. die Fallbeispiele in den unter Anm. 8 aufgeführten Publikationen.
[23] Vgl. *Wüstenrot Stiftung* (Hg.), Kirchenräume und ihre Zukunft, 110–115.

Konstantinopel/Istanbul. Um der göttlichen Weisheit, dem Logos, zu begegnen, braucht es Orte und Räume der Begegnung und Bewirtung (von Leib, Geist und Seele), in die man einladen kann. Das kann in nahezu allen Lebensräumen sein, sie müssen aber in der Regel nahe bei den Menschen sein. Manche Räume sind dafür jedoch besonders privilegiert. Schon vor der Konstantinischen Wende, vor allem aber seitdem haben Christen geeignete Räume geschaffen für ihre verschiedenen Aufgaben, die Katechese, die Diakonie und die Liturgie. Kirchengebäude dienten mit ihren Nebenräumen den unterschiedlichen Zwecken, wobei die Fürsorge, etwa in Pilgerkirchen und Hospizen, an oberster Stelle stand. Wie schön wäre es, wenn Kirche und Caritas bzw. Diakonie wieder als Einheit wahrgenommen werden könnten! Ein neues Integratives Wohnprojekt im Klarissenkloster Köln-Kalk ist ein Schritt in die richtige Richtung. Ein Kirchenraum, in dem die Verbindung von Kirche und Caritas aufgrund personeller Verflechtungen immer wieder erfahrbar wird, ist die kleinste der zwölf romanischen Kirchen Kölns, St. Maria Lyskirchen.

Ein im Zusammenhang dieser Überlegungen wichtiges Kirchenjahresfest ist das Fest der Darstellung des Herrn am 2. Februar, Mariä Lichtmess. In der Ostkirche heißt das Fest Hypapante, Begegnung: die Begegnung der Repräsentanten der Gerechten Israels (Simeon und Hanna) mit dem ersehnten Messias, die Begegnung des Kindes mit dem Haus seines Vaters, die Begegnung des Alten mit dem Neuen Bund. Diese Begegnung löst weitere aus: Simeon preist Gott mit dem Lobgesang „Nunc dimittis" und auch Hanna lobt Gott und spricht über das Kind zu allen, die auf die Erlösung Jerusalems warteten (Lk 2,38). Erich Läufer schrieb in der Kölner Kirchenzeitung vom 2. Februar 2018: „Der jüdische Tempel wird zur ersten christlichen Kathedrale." Dem ist insofern zuzustimmen, als man unter Kathedrale den Ort vielfältiger Begegnung einer ganzen Bürgerschaft versteht, der sie im Mittelalter bis zur Zeit der Konfessionalisierung einmal war (von der leidvollen Geschichte des Ausschlusses der jüdischen Mitbürger allerdings abgesehen!). Kirchen, vor allem, aber nicht nur die Kathedralen, waren Lebensräume zwischenmenschlicher Begegnung, nicht nur frommer Übungen, denn die Lebensvollzüge waren nicht so scharf voneinander zu trennen wie später seit der Zeit der Aufklärung.

Bekanntlich gehören Globalisierung der Orientierung und Parzellierung der Lebensbereiche zu den Signaturen unserer Zeit. Als Gegenreaktion nimmt die Suche nach Verortung, Beheimatung und Identität immer mehr zu, was sich nicht zuletzt in problematischen politischen Strömungen und gesellschaftlichen Verhaltensformen ausdrückt. Dem etwas Substantielles entgegenzusetzen, ist eine der anstehenden Aufgabe der Kirchen. Sie können dies freilich nur auf dem Weg der Beziehungsarbeit leisten. Dies bedeutet aber, die vorhandenen Kräfte vor Ort zu sammeln und zu stärken. Hier gibt es schon seit Jahrzehnten bemerkenswerte Initiativen, die erstaunlicherweise in den östlichen Bundesländern nach der Wende ihre kräftigsten Impulse bekommen haben. Unzählige Trägervereine retten und erhalten die verwaisten Dorfkirchen in den weitgehend entchristlichten Landstrichen der Mark Brandenburg oder Mecklenburg-Vorpommerns. Die Kirchen(raum)pädagogik hat hier, im Kernland des Protestantismus, ihren Anfang genommen. Das ist längst in den alten Bundesländern angekommen. Erwähnenswert ist das ökumenische Projekt des Deutschen Liturgischen Instituts „Straße der Moderne",[24] das jede Woche ein weiteres Kirchengebäude in die Homepage aufnimmt. Sind hier vor allem, wenn auch nicht ausschließlich, kunsthistorische Gesichtspunkte ausschlaggebend, so geht es bei der mit öffentlichen Mitteln geförderten Kölner Initiative Pfarr-rad[25] um die Erkundung der Sakralbaulandschaft der näheren Umgebung. Dadurch erhalten mitunter fast vergessene Landkirchen als Radwege-Kirchen eine neue Aufmerksamkeit und Sinngebung. Die Idee der Radwege-Kirchen kommt ebenfalls ursprünglich aus dem evangelischen Raum. Die Kölner Initiative Pfarr-rad ist unter anderem auch in der vom Diözesanrat der Katholiken anlässlich des Nationalen Eucharistischen Kongresses 2013 herausgegebenen Handreichung „Kirchennutzen" vertreten.[26]

Das Stichwort „Kirchennutzen" führt schließlich wieder zur anfangs gestellten Frage: Vom Nutzen der Umnutzung. Wem nützt sie, abgesehen von den Investoren? Jahrzehntelange Erfahrungen mit verschiedenen Kirchenräumen, die nicht mehr (ausschließlich) für die Liturgie gebraucht werden, insbesondere auch künstlerische Projekte in solchen Räumen, sensibilisieren für die hohen Potenziale, die weitaus mehr Menschen zugutekommen könnten, als man mit den klassischen Angeboten erreicht. Kirchenräume, die nicht mehr oder nicht mehr ausschließlich für die Liturgie benötigt werden, also umgenutzte oder teilumgenutzte Kirchen, können der Sendung der Kirche möglicherweise mehr dienen als mancher Kirchenraum, der nur gelegentlich für eine Messfeier aufgesperrt wird. Voraussetzung ist allerdings ein Engagement der Gemeinde oder einer christlichen Initiative als Träger oder zumindest Mitträger eines Nutzungskonzepts, das die transzendenten Dimensionen des Raums wahrt.

---

[24] Vgl. www.strasse-der-moderne.de (aufgerufen am 15.08.2018).
[25] Vgl. www.pfarr-rad.de (aufgerufen am 15.08.2018).
[26] Vgl. www.dioezesanrat.de/publikationen/weitere-publikationen/handreichung-kirchen-nutzen.html (aufgerufen am 15.08.2018).

Die Umnutzungsdebatte macht auf eine neue Weise deutlich, dass Kirchenräume vor allem Räume der Begegnung sind im Sinne des dreifachen Hauptgebotes der Gottes-, Nächsten- und Selbstbegegnung. Die gegenwärtige Problemlage der Kirchen kann und sollte dazu anregen, aus der Not eine Tugend zu machen, die Kirchengebäude als Leer-, Spiel- und Zwischenräume neu zu entdecken und sie zu Kristallisationspunkten der pastoralen Sendungsräume zu machen. Mit einer Profanierungsfeier und einem Kaufvertrag ist die Kirche noch nicht aus dem Schneider. Gerade jetzt wäre ihr Interesse gefragt, ihr Dazwischensein im Zwischenraum von Himmel und Erde, Gott und Welt, und zwar um des Menschen willen.

2018 wurde in Locarno eine Retrospektive „Spazio Sacro" mit der Sakralarchitektur von Mario Botta der Jahre 1966–2018 präsentiert. Im Katalog äußert sich der Architekt über den Sinn sakralen Bauens in heutiger Zeit: „Im Raum der Orte des Kultes modelliert die Wirklichkeit des Inneren ein neues Bild, eine ‚endliche' Bedingung für die Vollzüge des Schweigens, der Kontemplation, der Transzendenz und des Mysteriums. Durch die Definition eines endlichen architektonischen Raums wird den Nutzern gegeben, eine Bedingung des Unendlichen zu leben."[27] Dass diese Erfahrungs- und Begegnungsräume auch für kommende Generationen Bestand haben, ist eine ökumenische Herausforderung.

---

[27] *Mario Botta:* Dal sacro all'architettura; in: *Mario Botta:* Spazio Sacro. Architetture 1966–2018, Pinacoteca Comunale Casa Rusca, Locarno 2018, 27 (Übersetzung: AG).

Kirchenburgen in Siebenbürgen – bedrohtes Kulturerbe

Nutzungskonzepte zu ihrer Rettung und Erhaltung

Christoph Klein[1]

I. Der kulturhistorische Aspekt

Jedes Mal, wenn ich mit Gästen, Besuchern oder Touristen aus dem In- und Ausland in unseren Gemeinden unterwegs war, konnte ich ihr ergriffenes Staunen über die Besonderheit unserer Kirchen und ihrer Anlagen als Kirchenburg unmittelbar erleben. Ich erfuhr, wie sie ihre Blicke ehrfurchtsvoll auf das Gotteshaus mit ihrer Burganlage richteten und ausriefen: „Sieh da, welch ein imposantes Bauwerk!" Oder wie sie drinnen vor dem vorreformatorischen Altar, dem imposanten Orgelprospekt, den wertvollen alten anatolischen Teppichen, den kostbaren Abendmahlsgeräten (*Vasa Sacra*) und ebenso im Angesicht der beeindruckenden Glocken oder der uralten Paramente über den Reichtum der Kunstschätze in diesen Kirchen staunten. Es sind dies die Kulturgüter, von denen im Folgenden die Rede sein wird und dabei erkannt werden soll, dass die Bezeichnung „Kultur" und „Kulturerbe" noch viel mehr umfasst, als darunter gemeinhin verstanden wird.

Was erkennt der Bewohner des Ortes, der Gast oder der Fachmann, wenn er solchen Kulturgütern begegnet? Schon der Hl. Kirchenvater Augustin, der im 5. Jahrhundert der Kunstwerke in Rom oder Mailand gewahr wurde, hat die unterschiedliche Weise der Sicht auf die Kulturschätze erkannt und darum in der sprachlichen Erfassung Unterscheidungen festgemacht. So spricht man seither bei Bauwerken – Städten oder Burgen –

---

[1]   Christoph Klein ist Bischof emeritus der Evangelischen Kirche A. B. in Rumänien. Er stand von 1990 bis 2010 an der Spitze dieser Kirche.

von Steinen, vom Bau an sich, der Obdach oder Lebensraum bietet, als *urbs*. Und das wäre – mit einem Kennwort unserer Zeit ausgedrückt – der *kulturhistorische Aspekt* einer solchen Sicht. Doch um die Empfindungen, Anschauungen und Rituale von Menschen auszudrücken, die da wohnen, also der Bürger, der *cives*, hat man ein anderes Wort gewählt, und hat den Ort *civitas* genannt. Die entscheidende Frage dieses großen Kirchenvaters war dabei, ob die *civitas* die *urbs* in ihrer Bauweise bestimme, und umgekehrt, ob der Geist, von dem jene Bewohner bestimmt sind, auch in der Bauweise zum Ausdruck komme. Denn die Stadt oder eine Burg sollte nicht nur „Behausung" und „Wohnraum" sein, sondern zugleich Schutz vor dem „Unbehaust-Sein" in einem höheren Sinn bieten. Und es stellt sich die Frage, ob sie vor den Gefahren schützt, die es außer der Obdachlosigkeit noch gibt: Bietet sie also letztlich Schutz vor Verlust des Lebenssinnes und der Identität und damit Beheimatung, die für unsere ganze Existenz lebenswichtig ist? So sollte den frühen Christen die irdische Stadt vor allem ein Abbild der *civitas Dei,* der Gottesstadt, sein.

Für Siebenbürgen kommt zu diesem kulturhistorischen Aspekt ein weiterer entscheidender Aspekt hinzu, nämlich vorrangig das Wissen darum, was die Kirchen und Kirchenburgen, aber auch ihre wertvollen Schätze im Inneren des Bauwerkes für die Menschen, denen sie gehören, bedeuten. Sie stellen für sie mehr als Kunstschätze oder kulturgeschichtlichen, also irdischen Reichtum dar: Sie sind *Teil ihrer kollektiven Biographie.* Sie sind Orte, an denen sie „ihrer eigenen Geschichte im heimatkundlichen, kultur- und sittengeschichtlichen, ja darüber hinaus auch im nationalen, ja im europäischen Sinn begegnen", um Überlegungen von Bischof Wolfgang Huber aus seinem Buch „Kirche in der Zeitenwende" aufzugreifen.[2] Sie sind „Identifikationspunkte für die Beheimatung der Menschen", die jene suchen, die zu diesen Stätten ihrer Kindheit, ihrer Jugend oder ihres ganzen Lebens zurückkehren. Sie sind – und auch das hat Huber, der Siebenbürgen einige Male besucht hat, gleicherweise für die Situation hier deutlich gemacht und präzise formuliert: „sichtbare Wertepräsentanz". Sie verweisen auf „gemeinsame kulturelle, ethische und religiöse Grundvorstellungen", die uns auch in der Fremde wichtig bleiben. Sie sind „Zeichen dafür, dass die Traditionskette nicht reißt", in der wir uns geborgen und beheimatet fühlen.[3] Besonders ihre Kirchenburgen sind den Siebenbürger Sachsen Selbstvergewisserung ihrer Identität aus der Vergangenheit in der

---

[2] *Wolfgang Huber:* Kirche in der Zeitenwende: Gesellschaftlicher Wandel und Erneuerung der Kirche, Gütersloh 1998, 290.

[3] Ebd., 291.

Begegnung mit ihrer Geschichte. Darum hängt in ihrer Wohnung meist ein Bild der Heimatkirche oder eines anderen kirchlichen Objektes: ein stilles Bekenntnis zur Heimat und Symbol der bleibenden Verbindung zu Werten, die sie geprägt und begleitet haben.

Doch das Kulturerbe ist für die Siebenbürger Sachsen auch *Ausdruck ihres Lebenswillens* und weist somit nicht nur auf die Vergangenheit, sondern ebenso in die Zukunft. Dieser Lebenswille und die Verbundenheit mit den von den Vätern ererbten Kulturschätzen haben die wenigen, nach 1990 Verbliebenen motiviert, diese zu erhalten – nach Kräften und Möglichkeiten und mit Unterstützung kirchlicher und politischer Stellen aus dem Ausland (vor allem Deutschland), des rumänischen Staates und einer Reihe von Stiftungen. Die Erhaltung der Kulturschätze stellt damit eine vorrangige Priorität dar. Und das gilt besonders für die Kirchen und andere historisch wertvolle Baulichkeiten, die keine traditionelle Verwendung mehr finden können (also in denen keine regelmäßigen Gottesdienste und geistlichen Handlungen mehr abgehalten werden).

II. Die Erhaltung des Erbes

Was können wir aus diesen hier nur kurz skizzierten Beobachtungen in Bezug auf das Konzept des Umgangs mit dieser Herausforderung folgern?

Ich möchte in den folgenden Ausführungen die unterschiedlichen Situationen und dementsprechend die vielfältige Weise beschreiben, wie wir in Siebenbürgen mit diesem „kulturellen Erbe" umgehen und welche Konzepte zu dessen Rettung und Bewahrung daraus entstanden sind. Zur Veranschaulichung war für mich hilfreich, unser häufig verwendetes Schlüsselwort „Erbe" – mit seinem tieferen Sinn bis in die alltäglichen menschlichen Beziehungen hinein– auch als Rechtsbegriff in Anspruch zu nehmen. Denn dies gestattet mir, diese Rettungs- und Bewahrungskonzepte mit Hilfe des gängigen Erbrechts und der „gesetzlichen Erbfolge" zu verdeutlichen. In diesem Zusammenhang soll darauf hingewiesen werden, dass hier zu unterscheiden sind: die „rechtmäßigen Erben", die Einrichtung des „Pflichtteils" beim Erben, der „Erbverzicht" (wo ein Erbe eine Last darstellt), aber auch das Recht, „Erben einzusetzen" sowie die „Vererbung zu einem guten Zweck". In Anlehnung an eine solche Verfahrensweise in der Rechtspraxis können wir unseren Umgang mit dem Kulturerbe anhand dieser Begriffe wie folgt beschreiben:

1. Der *„rechtmäßige Erbe"* ist, gemäß unserer Kirchenordnung, die betreffende Gemeinde innerhalb der Gesamtkirche. Wo diese zu

klein ist und sich nicht mehr selbst verwalten kann, übernimmt das Bezirkskonsistorium die Verwaltung ihres Besitzes, in aufgelösten Gemeinden das Landeskonsistorium. In unserer Darstellung gehen wir jedoch zunächst von jenen Gemeinden aus, die ihren Besitz selbst verwalten können und wollen. Sie tun es heute meist mit Hilfe von außen. Auf diese Weise wurden die Stadtkirchen und die großen und bedeutenden Kirchenburgen erhalten und dienen weiter ihrer eigentlichen, kirchlichen Bestimmung. So kam es schon in den zurückliegenden Jahrzehnten zu großen Restaurierungsarbeiten an den bedeutenden Stadtpfarrkirchen in Kronstadt, Hermannstadt, Schäßburg, Mühlbach, Bistritz und Bukarest.

2. Die *eingesetzten Erben* treten dort auf, wo niemand mehr oder kaum noch jemand in der Gemeinde lebt, der den Besitz übernehmen könnte oder „erbberechtigt" wäre. Dort kann dann ein „Erblasser" eingesetzt werden. Hier sind zunächst jene Kirchen gemeint, die 1944 in Nordsiebenbürgen, wo es damals kaum orthodoxe Gotteshäuser gab, nach der Flucht der Sachsen verwaist und verlassen dastanden und gerne der orthodoxen Kirche überlassen wurden. Dies geschah aufgrund von Verträgen, was zur Folge hatte, dass diese Gotteshäuser bis heute als orthodoxe Kirchen gut erhalten sind oder aus- und umgebaut wurden. Nach 1990 hat dieses Modell in Südsiebenbürgen nur selten gegriffen, weil dafür höchstens die griechisch-katholischen Gemeinden in Frage kamen, die 1948 verboten und deren Gotteshäuser den Orthodoxen übergeben worden waren. Doch es gab in einigen Gemeinden die offensichtliche Situation, die dazu geführt hat, dass leerstehende evangelische Kirchen Griechisch-Katholischen überlassen werden konnten, die sie dringend brauchten. Auf diese Weise sind einige Gotteshäuser und ihre Anlagen vor dem Verfall gerettet worden. Denn die Erfahrung in Nordsiebenbürgen hatte gezeigt, dass dort, wo Kirchen nicht übergeben wurden, diese verfallen sind, inzwischen ganz abgetragen wurden oder – in anderen Situationen – stark gefährdet sind. Von den rund 290 Gotteshäusern unserer Landeskirche vor 1944 sind in Nordsiebenbürgen, als Folge des Zweiten Weltkrieges und der Flucht der Sachsen, 27 Kirchen anderen Glaubensgemeinschaften übergeben worden: 24 an die orthodoxe Kirche, eine an die Pfingstkirche und zwei an die reformierte Kirche. Unverkennbar ist, dass diese Kirchen durch das Engagement der genannten Glaubensgemeinschaften erhalten worden sind und bis heute genutzt werden. In Südsiebenbürgen und im Banat gibt es allerdings inzwischen auch eingestürzte Kirchen, die dem Verfall überlassen werden mussten.[4]

3. Die *Ersatzerben:* In Rumänien gibt es den Brauch, dass alte Leute ohne rechtmäßige Erben sich einer fremden Familie „übergeben", gewissermaßen als Pflegebefohlene oder gar als Pflegefall. Diese Familie verpflichtet sich, die Pflegebefohlenen bis zu deren Tod zu pflegen, und erbt dafür deren Haus, d. h. sie erhält es vertragsmäßig zugesprochen. In diesem Sinn ist unsere Praxis zu verstehen, wenn Kirchen, Pfarrhäuser oder sonstige Baulichkeiten – oder alle zusammen – einer Institution übergeben werden, die diese durch einen Vertrag übernimmt und für eine begrenzte oder unbegrenzte Zeit zur eigenen Verfügung erhält. Der Ersatzerbe verpflichtet sich dazu, diese Baulichkeiten zu besorgen, und dazu auch Kirchen oder Friedhöfe zu verwalten und zu pflegen. So haben wir die berühmte Kellinger Gräfenburg dem Verein „Ars Transsilvaniae" aus Klausenburg, das Kirchenanwesen von Schönberg der Architekturfakultät in Bukarest oder den Pfarrhof in Radeln der Peter Maffay Stiftung im oben genannten Sinn übertragen, unter der Auflage, dass die Stiftungen zugleich für die anliegenden kirchlichen Objekte sorgen, und so auch das Gotteshaus mit benutzt und instand gehalten wird.

4. Damit sind wir schon beim Konzept der *Vererbung zu einem guten Zweck.* Hier handelt es sich vor allem um Pfarrhäuser, die bald nach der historischen Wende des Jahres 1989 in Sozialeinrichtungen umgewidmet (Altenheime, Therapiezentren für Suchtkranke u. ä., wie in den Gemeinden Kleinscheuern oder Burgberg), aber auch als Jugendherbergen, Gästezimmer und andere gemeinnützige Einrichtungen (wie in den Gemeinden Holzmengen oder Leschkirch) umgebaut wurden. Die Pflege des anliegenden Friedhofes und der Kirche wird damit vertragsmäßig gesichert.

5. Immer wichtiger werden unter den neuen Voraussetzungen die *Miterben.* Als solche möchte ich (nach einem Pauluswort aus dem Römerbrief 8,17) unsere ausgewanderten Siebenbürger Sachsen bezeichnen, die nicht rechtmäßige Glieder der Gemeinde sind und darum offiziell auch kein Recht auf das Vermögen mehr haben. Doch sie fühlen sich in vielen Fällen weiter oder vielmehr wieder dazugehörig, und so auch für das kirchliche Erbe mit verantwortlich. Hier sind vor allem die „Heimatortsgemeinschaften" (HOGs) gemeint, die sich zunehmend mit diesem Erbe identifizieren und in ihren ehemaligen Gemeinden sich in deren Erhalt einbringen, indem sie mithelfen, dem Verfall von Kirche, Friedhof oder Pfarrhaus Einhalt zu gebieten.

---

[4] Vgl. *Friedrich Philippi:* Was nun mit meiner Kirche?; in: Jahrbuch 2018. Siebenbürgisch-Sächsischer Hauskalender, Hermannstadt-Bonn, 253–265

Dabei ist festzustellen: Die Kirche ist dort leichter zu erhalten, wo sie zusammen mit Angehörigen anderer Konfessionen für Gottesdienste genutzt wird. Eine neuere Art, Kirchen vor dem Verfall zu schützen, sind auch die „Wallfahrtsgottesdienste" in Kirchen, in denen seit Jahren nicht mehr Gottesdienste gehalten wurden. Sie werden im Zusammenhang eines solchen Wallfahrtsgottesdienstes, wenn auch nur einmal im Jahr, von Christen aus anderen Gemeinden oder der nahen Stadt besucht, wobei mit der Vorbereitung des Treffens auch dringende Reparaturen vorgenommen werden. Ein Anlass, die Kirche nach längerer Zeit wieder zu nutzen, kann auch die Abhaltung einer der selten gewordenen Kasualien sein. Jemand wünscht sich zum Beispiel die Hochzeit oder eine Taufe in der ehemaligen Heimatkirche oder es wird für einen in der Ferne Verstorbenen auf dessen Wunsch hin das Begräbnis hier veranstaltet, das er sich in seiner Heimatgemeinde bestellt hat.

Neuerdings kommt auch die Nutzung einer Kirche als Ausstellungsraum oder für die Durchführung von Konzerten (nicht nur streng kirchlichen) oder für ähnliche gemeinschaftliche Veranstaltungen hinzu.

Ich möchte schließlich einen weiteren Begriff aus dem Erbrecht bemühen, und zwar den Begriff des *Vätererbes* (des Patrimoniums). In Rumänien meint dieser Begriff „öffentliches Gut", „geistige und materielle Werte, die dem ganzen Volk gehören, da sie von den Vorfahren stammen". In diesem Sinn gehören bestimmte Kulturgüter zugleich der ganzen Menschheit und werden dann u. U. in das „UNESCO-Weltkulturerbe" aufgenommen. Sieben unserer Kirchenburgen gehören dazu, allen voran die berühmte Kirchenburg in Birthälm, die fast 300 Jahre lang Bischofssitz war, ehe er 1867 nach Hermannstadt zurückverlegt wurde. Zur Bedeutung des Begriffs „kulturelles Patrimonium" ist zu bemerken, dass sich hier auch der Staat dafür verantwortlich fühlt und mithilft, dieses Erbe zu erhalten, zunehmend auch bei uns. So wurde 2010 ein von der EU finanziertes Projekt im Stellenwert von 4,5 Millionen Euro gestartet, durch das 18 unserer Kirchenburgen renoviert werden konnten – und vorgelegt wurden zudem weitere Projekte, die der rumänische Staat unterstützt. So gibt es gegenwärtig Projekte und Mittel für weitere 19 Kirchenburgen und andere Vorhaben zur Konsolidierung bedrohter Kirchen, ihrer Türme oder der sie umgebenden Ringmauern.

Zur Begleitung und Überwachung der Durchführung aller dieser Renovierungsprojekte funktionierte im Zeitraum 2007–2010 die so genannte „Leitstelle Kirchenburgen" des Landeskonsistoriums, mit Sitz in Hermannstadt. Sie wurde daraufhin in eine Stiftung umgewandelt, deren Schirmherren der rumänische Staatspräsident und der deutsche Bundespräsident sind. Von diesen hohen Stellen kommt ebenfalls finanzielle und ideelle Unterstützung. So liegt der Dienst an den 270 ehrwürdigen kirchlichen Monumenten mittelalterlicher Baukunst in Siebenbürgen, von denen 164 Kirchenburgen sind, in guten Händen.

Erinnern wollen wir an dieser Stelle jedoch auch daran, dass es andererseits auch ein *unverwesliches Erbe* gibt, wie der Titel eines Romans von Ina Seidel (1885–1974) lautet. Dies lässt uns bedenken, dass wir auch an die „Unverweslichkeit" eines Erbes, auch des Kulturerbes eines Volkes oder Staates glauben müssen, um es zu erhalten. „Glaube schafft Zukunft"! (so eine wichtige theologische Maxime von Gerhard Ebeling). Das gilt gewiss für die Zukunft irdischer, vielleicht vergänglicher, aber auch und vor allem für „unvergängliche" Werte und Güter, die von Generation zu Generation weitergegeben werden. In diesem Sinn geht es letztlich nicht um die *Erben,* sondern um *das Erbe*, das wir erhalten wollen und das bleiben soll, selbst wenn die Erben andere sind als einst. Diese „anderen" Erben können bewirken, dass das eigentliche und unverwesliche Erbe unserer Kirche, der Evangelischen Kirche Augsburger Bekenntnisses in Rumänien, weitergeführt wird und sich mit dem ihr eigenen, unverwechselbaren Charakter als Kirche der Reformation ihr spezifisches kirchliches Gepräge erhält und sich damit in das ökumenische Zusammenleben der Kirchen des Landes einbringt. So kann sie kraft ihres reformatorischen Gutes als „Kirche für andere" (Dietrich Bonhoeffer) und als „Kirche mit anderen" ihre Rolle der Vermittlung zwischen unterschiedlichen Konfessionen, Kulturen und Sprachen zum Segen aller wahrnehmen und zuversichtlich in die Zukunft blicken.

Kirchennutzung und Kirchenbau orthodoxer Gemeinden in Deutschland

Radu Constantin Miron[1]

Einführung

„Die orthodoxen Kirchen leben in der Diaspora: Sie haben alle ihre Mutterkirchen woanders: in Russland, Griechenland, Rumänien, Serbien usw. Zwar gibt es einzelne deutschsprachige Gemeinden, aber es gibt keine ‚Deutsche Orthodoxe Kirche'. Eine gemeinsame Vertretung aller orthodoxen Diözesen Deutschlands bildet die am 27.02.2010 in Nürnberg gegründete Orthodoxe Bischofskonferenz in Deutschland (OBKD)."[2]

Der OBKD gehören an:[3]
1. Griechisch-Orthodoxe Metropolie von Deutschland (Ökumenisches Patriarchat) (im Folgenden: OBKD 1)
2. Exarchat der orthodoxen Gemeinden russischer Tradition in Westeuropa (Ökumenisches Patriarchat) (im Folgenden: OBKD 2)
3. Ukrainische Orthodoxe Eparchie von Westeuropa (Ökumenisches Patriarchat) (im Folgenden: OBKD 3)
4. Metropolie für Deutschland und Mitteleuropa (Patriarchat Antiochien) (im Folgenden: OBKD 4)

---

[1] Radu Constantin Miron ist Erzpriester des Ökumenischen Patriarchats. Seit 1990 ist er Bischöflicher Vikar für die rumänischen Kirchengemeinden der Griechisch-Orthodoxen Metropolie von Deutschland (GOMvD). Er ist Ökumenereferent der GOMvD, Beauftragter für innerchristliche Zusammenarbeit der Orthodoxen Bischofskonferenz in Deutschland (OBKD) und Vorstandsmitglied der Arbeitsgemeinschaft Christlicher Kirchen in Deutschland (ACK).

[2] *Yauheniya Danilovich:* Pfingstereignis oder Turmbau zu Babel? Herausforderungen und Perspektiven der Übersetzung liturgischer Texte in der deutschsprachigen christlich-orthodoxen Diaspora, Review of Ecumenical Studies (Sibiu) 10 (2018), H.1, 10–29, hier 14.

[3] Vgl. www.obkd.de/Texte/OBKD%20-%20Mitglieder.pdf (aufgerufen am 02.07.2018).

5. Berliner Diözese der Russischen Orthodoxen Kirche des Moskauer Patriarchats (im Folgenden: OBKD 5)
6. Russische Orthodoxe Diözese des orthodoxen Bischofs von Berlin und Deutschland (Russisch-Orthodoxe Kirche im Ausland) (im Folgenden: OBKD 6)
7. Diözese von Frankfurt und ganz Deutschland (Serbische Orthodoxe Kirche) (im Folgenden: OBKD 7)
8. Metropolie für Deutschland, Zentral- und Nordeuropa (Rumänische Orthodoxe Kirche) (im Folgenden: OBKD 8)
9. Diözese von West- und Mitteleuropa (Bulgarische Orthodoxe Kirche) (im Folgenden: OBKD 9)
10. Diözese für Deutschland und Österreich der Georgischen Orthodoxen Kirche (im Folgenden: OBKD 10)

Heute wird die Zahl der orthodoxen Christen in Deutschland, die zur OBKD gehören, auf ca. zwei Millionen geschätzt.[4] Dazu kommen noch die Mitglieder der orientalischen orthodoxen Kirchen, deren Mitgliederzahl bei ca. 200.000 liegt.[5]

1. Zur Situation vor 1945

Die letzte auch nach kleineren Konfessionen differenzierende Volkszählung vor dem Zweiten Weltkrieg (von 1925) erfasste für das Gebiet des damaligen Deutschen Reiches 18.943 Angehörige der „griechisch-russisch- und orientalisch-orthodoxen" Kirchen,[6] also ca. 0,05 Prozent der Gesamtbevölkerung. So überrascht es nicht, dass auch die Zahl orthodoxer Kirchengebäude in Deutschland 1945 äußerst klein war: Es handelt sich zumeist um die aufgrund dynastischer Beziehungen deutscher Königs- und Fürstenhäuser zu Russland errichteten bzw. die in den Kurorten erbauten russischen Kirchen. Es sind dies in chronologischer Reihenfolge die Kirchen von Potsdam (1826),[7] Wiesbaden (1861), Weimar (1862), Dresden (1874), Bad Ems (1876), Baden-Baden (1882), Stuttgart (1895), Berlin-Te-

---

[4] *Nikolaj Thon:* Ethnische Vielfalt und Einheit im Glauben: Die Orthodoxe Kirche in Deutschland und ihr historischer Weg zu einer Bischofskonferenz; in: *Thomas Bremer, Assaad Elias Kattan, Reinhard Thöle* (Hg.): Orthodoxie in Deutschland, Münster 2016, 51–70, hier 51.

[5] Vgl. www.remid.de/info_zahlen/orthodoxie/ (aufgerufen am 02.07.2018).

[6] Vgl. www.digizeitschriften.de/dms/img/?PID=PPN514401303_1928||log9&physid=phys 70#navi (aufgerufen am 10.07.2018).

[7] Bei den Jahreszahlen hinter den Ortsnamen handelt es sich im Folgenden um das Einweihungsjahr der betreffenden Kirchen. Wenn zwei Jahreszahlen genannt sind, bezeichnet die erste die Inbetriebnahme und die zweite die offizielle Einweihung.

gel (Friedhofskirche, 1895), Bad Homburg vor der Höhe (1899),[8] Darmstadt (1899), Bad Kissingen (1901), Bad Nauheim (ehem. lutherische Kirche; 1907), Bad Brückenau (1908) und die einhundert Jahre nach der Völkerschlacht errichtete Gedächtniskirche in Leipzig (1913).[9]

Außerdem sind hier zu nennen: die als Stiftung zur Metropolie der Moldau gehörende rumänische Sturdza-Kapelle in Baden-Baden, die 1864–1866 vom letzten Fürsten der Moldau als Grabeskirche für seinen Sohn errichtet wurde, und natürlich die Salvatorkirche in München (OBKD 1), die zwar ursprünglich als römisch-katholische Kirche errichtet worden war, 1828 aber von König Ludwig I. den Griechen überlassen wurde.

Von 1914 bis zum Zweiten Weltkrieg wurde in ganz Deutschland nur ein einziges orthodoxes Gotteshaus neu erbaut: die Russische Auferstehungs-Kathedrale in Berlin-Wilmersdorf (OBKD 5).

2. Neubauten und Umwidmungen nach 1945

Nach dem Zweiten Weltkrieg entstanden zahlreiche provisorische Kirchen („Behelfs- oder Barackenkirchen") für die orthodoxen Flüchtlinge aus dem Osten, die allerdings nicht erhalten geblieben sind. Es handelt sich hierbei um „alle Kirchen, die in den Flüchtlingslagern erbaut wurden und sich von den Wohnbaracken nur durch aufgesetzte Zwiebelkuppeln und Kreuze unterschieden. Im Innern wurden diese Kirchen der orthodoxen Liturgie entsprechend umgestaltet: der Altar- und Gemeinderaum durch einfache Ikonostasen, oft auch nur durch einige Ikonen und Vorhänge voneinander getrennt. Altargerät und Leuchter trugen provisorischen Charakter. Meist wurden diese Kirchen nur einige Jahre für Gottesdienste benutzt und dann wieder abgerissen, wenn die Lager aufgelöst wurden. In

---

[8] Aus dem gleichen Jahr stammt auch der erstaunlichste orthodoxe Kirchenbau Deutschlands, der jedoch nie sakral genutzt wurde: 1899 wurde das bis heute existierende sog. Vogelhaus im Kölner Zoo im Stil einer russisch-orthodoxen Kirche errichtet.

[9] Nicht erhalten geblieben aus jener Zeit sind die (Haus-)Kapellen in Kiel (1727), Potsdam-Innenstadt (1733), Ludwigslust (1800), Frankfurt a.M. (um 1844), Remplin (1851), Karlsruhe (1865), Gotha (1874), Coburg (1874), Schwerin (1879) und Hamburg (1902); vgl. *Käte Gaede:* Russische Orthodoxe Kirche in Deutschland in der ersten Hälfte des 20. Jahrhunderts, Köln 1985, 15 ff und 35. Auch griechische und rumänische Gottesdienststätten aus jener Zeit sind nicht erhalten geblieben. Zu den griechischen Kirchengemeinden und ihren Gebäuden (Leipzig, Breslau, Chemnitz, München, Dresden, Hamburg, Berlin) siehe *Antonios Alevisopoulos:* Die Anfänge der griechischen Orthodoxie in Deutschland; in: *Anastasios Kallis* (Hg.): Dienst am Volk Gottes, Herten 1992, 100–107. Zur rumänischen Kirche in Leipzig siehe www.ortodoxia.de/html/capela_ortodoxa__romana_de_la_lipska.html (aufgerufen am 10.07.2018).

67. Jahrgang
2018

Ökumenische Rundschau

Inhaltsverzeichnis

EVANGELISCHE VERLAGSANSTALT
Leipzig   www.eva-leipzig.de

Themen des 67. Jahrgangs:

Hauptartikel

Junge Ökumeniker*innen

Dokumente und Berichte

Deutschland und Österreich gab es nach dem Zweiten Weltkrieg etwa 150
bis 180 Kirchen dieses Typs".[10] Für die seelsorgerliche Betreuung von
Flüchtlingen wurden später auch ständige Kirchen gebaut, die sich mehrere Kirchengemeinden teilten: z. B. die Beckhofkirche in Bielefeld-Senne-
stadt (1959) und die Nikolauskirche in Düsseldorf-Wersten (1961; heute
OBKD 2). Auch die russischen Kirchen von München-Ludwigsfeld (1963)
sowie die im Nowgoroder Kirchenstil erbauten Kirchen des hl. Prokop in
Hamburg (1965) und des hl. Nikolaus in Frankfurt-Hausen (1967/1979)
(alle drei OBKD 6) wurden von Flüchtlingen bzw. ihren Nachfahren errichtet.

Die zahlenmäßig größte orthodoxe Diözese in Deutschland ist heute
die Griechisch-Orthodoxe Metropolie von Deutschland (OBKD 1), die auch
über die meisten Kirchenneubauten verfügt. Es sind dies in chronologischer Reihenfolge: Frankfurt a. M. – hl. Andreas (1959) bereits ersetzt
durch hl. Georgios (1996),[11] Berlin (1976),[12] Bonn (1978), Düsseldorf
(1990), Lüdenscheid (1991), Reutlingen (1994), München-Allerheiligen
(1995), Nürnberg (1995/1997), Esslingen (1996),[13] Hannover (1997/
2001), Gummersbach (1999), Herten (2004/2008), Brühl (2005), Stutt-
gart-Feuerbach (2006) Frankfurt a. M. – Prophet Elias (2016) und Back-
nang (im Bau seit 2010).[14]

Neben diesen 16 Neubauten stehen zahlreiche Kirchengebäude im
Dienst der Metropolie, die ursprünglich als Kirchen anderer Konfessionen
errichtet worden waren, dann aber gekauft oder angemietet wurden und
durch äußere und/oder innere Umgestaltung zu orthodoxen Kirchen wurden.[15] Es liegt nahe, dass es sich vorwiegend um ehemals katholische oder
evangelische Kirchen handelt; Ausnahmen wie die Kirche in Gifhorn, die
ursprünglich neuapostolisch war, bestätigen diese Regel. Vereinzelt wur-

[10] *Georg Seide*: Verantwortung in der Diaspora. Die Russische Orthodoxe Kirche im Ausland, München 1989, 325.
[11] Siehe www.zentrum-oekumene.de/fileadmin/content/Materialien/Dokumentationen/
Orth_Gemeinden_5-Aufl.pdf (aufgerufen am 10.07.2018).
[12] *Gerasimos I. Frangulakis*: Τα εγκαίνια του ελληνορθόδοξου ναού στο Βερολίνο, του
πρώτου στην Γερμανία; in: *Μητροπολίτης Γερμανίας Αυγουστίνος Λαμπαρδάκης: Εμείς
στη Γερμανία, Αννόβερο* 2018, 70–72.
[13] Mit einer Grundfläche von ca. 1.000 qm handelt es sich um den größten orthodoxen Kirchenneubau Deutschlands.
[14] Alle Daten in Μικρές Πατρίδες. Οἱ Ἐνορίες τῆς Ἱερᾶς Μητροπόλεως Γερμανίας
(1963–2013), hg. v. *Ambrosius Koutsouridis*, Bonn 2014, passim, und bei *Frangulakis,*
Τα εγκαίνια του ελληνορθόδοξου, 84 ff.
[15] *Frangulakis,* Τα εγκαίνια του ελληνορθόδοξου, 85 ff nennt (in einer unvollständigen
Aufzählung) 32 Kirchengebäude dieser Kategorie.

den auch profane Gebäude in Kirchen der Metropolie umgewandelt, etwa in Wiesbaden (Lichtspieltheater), Wesseling (Reichsarbeitsdienstbaracke), Mühlacker (Teil des Bahnhofsgebäudes) oder Gütersloh (Kreditinstitut). Die meisten dieser durch Umwidmung oder Umwandlung entstandenen orthodoxen Kirchengebäude sind Eigentum der Griechisch-Orthodoxen Metropolie oder werden ausschließlich von ihr genutzt. In einigen Fällen (z. B. Neuss, Mönchengladbach oder Euskirchen) sind römisch-katholische oder evangelische Gemeinden nun ihrerseits Gast bei den Orthodoxen.

Auch bei den übrigen Mitgliedsdiözesen der OBKD überwiegt die Zahl der umgewidmeten Kirchengebäude. Die Metropolie des Patriarchats Antiochien (OBKD 4) hat neben diesen nur einen Neubau im hessischen Butzbach (2012). Die russische Diözese des Moskauer Patriarchats (OBKD 5) bringt als Neubauten die Holzkirchen von Dachau (Kapelle in der KZ-Gedenkstätte; 1995), Gifhorn (1996), Schwerin (2012), Berlin-Lichtenberg/Marzahn (2014) und Hamburg-Bahrenfeld (2014) sowie die Klosterkirche von Götschendorf/Uckermark (2017) ein.

Die serbische Diözese von Frankfurt und ganz Deutschland (OBKD 7) weist Lingen (1957), Osnabrück (1982), Düsseldorf (1986), Hannover (1995), München-Neuperlach (1996), Villingen-Schwenningen (2002) und die Kirche der Verkündigungs-St.-Justin-Einsiedelei in Unterufhausen (ab 2013 im Bau) als Neubauten auf.

Die rumänische Metropolie (OBKD 8) hat ihren Sitz in Nürnberg. Ihre Bischofskirche dort ist – wie die meisten ihrer Gebäude – eine umgewandelte Kirche. Aber auch diese Diözese weist Kirchenneubauten auf: Mannheim (2013), München-Fasangarten (Holzkirche, 2016),[16] Berlin (2016), Traunreut (Holzkirche; 2018) und Bonn (Holzkirche; voraussichtlich 2018). Im Bau befindet sich derzeit auch ein großes rumänisches Kirchenzentrum in München-Aubing.

Die bulgarische Diözese (OBKD 9) hat mit der Kryptakirche des Klosters in Buchhagen (1996) einen Kirchenneubau vorzuweisen. Die georgische Diözese (OBKD 10) hat keine Kirche in Deutschland gebaut, sie verwendet ausschließlich anderskonfessionelle Kirchengebäude, darunter die in städtischem Besitz befindliche Jan-Wellem-Kapelle in Düsseldorf-Hamm.

Auch die panorthodox nicht anerkannte „Mazedonische Kirche" hat in Mainz (2015) eine Kirche errichtet. Auf die orientalischen orthodoxen Kirchenneubauten kann an dieser Stelle nicht eingegangen werden.

---

[16] Vgl. www.sueddeutsche.de/muenchen/fasangarten-das-auge-gottes-1.3156772 (aufgerufen am 27.06.2018).

„Die Kirche ist keine Barbierbude, kein Krämerladen, keine Werkstätte wie auf dem Markte; sie ist eine Wohnung der Engel, der Erzengel, Gottes Haus, ja selbst ein Himmel."[17] Dieses Wort des Johannes Chrysostomus aus dem 4. Jahrhundert könnte in einem orthodoxen Architekturbüro hängen, denn es drückt *ante tempore* die Quintessenz auch des heutigen orthodoxen Kirchbaus aus. Siebzehn Jahrhunderte später erachtet sein Fast-Namensvetter John Chryssavgis die folgenden drei wesentlichen Aspekte als konstitutiv:

a) "Otherworldliness": a sense of mystery
b) "Sacred images": windows into heaven
c) "Heaven on Earth": liturgical space.[18]

Technisch gesprochen begründen diese Faktoren also die Gebäudeform, Ausrichtung, Position, Lichtausstattung, Ausmalung, Einrichtung, Akustik etc. einer zu bauenden orthodoxen Kirche. Theologisch formuliert gibt sich für Assaad Elias Kattan – ausgehend von einem Zitat des rumänischen Schriftstellers und Priesters Constantin Virgil Gheorghiu – „das orthodoxe Erbe in Architektur, liturgischer Dichtung, Ikonenmalerei und Ornamentik als einen Ort (sic!) zu erkennen, an dem der Begriff des Schönen nicht nur im Vordergrund steht, sondern wo auch durch die Schönheit mit dem Absoluten, mit Gott, kommuniziert werden kann".[19] Für den Kunsthistoriker und Theologen Kalokyris ist deshalb orthodoxer Kirchenbau ohne Kenntnisse der orthodoxen Theologie nicht statthaft. Und da es heutzutage nicht möglich sei, das gesonderte Berufsbild eines Kirchenbaumeisters („ναοδόμος") zu schaffen, sei zumindest eine besondere Auseinandersetzung des betreffenden Architekten mit der orthodoxen Theologie erforderlich.[20] Dass theologi-

---

[17] *Johannes Chrysostomus:* 36. Homilie zum Ersten Korintherbrief, zit. n. Ausgewählte Schriften des heiligen Chrysostomus, Erzbischofs von Constantinopel u. Kirchenlehrers. Übersetzt von Alois Hartl (Bibliothek der Kirchenväter, 1 Serie, Band 72), Kempten 1881 (entspricht www.unifr.ch/bkv/kapitel4542-4.htm; aufgerufen am 27.06.2018).

[18] *John Chryssavgis:* Traditional Byzantine and Contemporary Orthodox Architecture. Reflections on Mystery, Icons and Liturgy; in: *Vladimir Ivanov/Konstantin Nikolapoulos* (Hg.): Orthodoxe Theologie zwischen Ost und West. Festschrift für Prof. Theodor Nikolaou, Frankfurt a. M. 2002, 413–421.

[19] *Assaad Elias Kattan:* „Alle Schönheit bereitet uns darauf vor, die unvergängliche Stadt zu empfangen." Zu Kunst und Schönheit in der orthodoxen Theologie; in: *Petra Bosse-Huber, Martin Illert* u. a.: Im Dialog mit der Orthodoxie. Festschrift für Reinhard Thöle, (Beih ÖR 104), Leipzig 2016, 183.

[20] *Kostas Kalokyris:* Ἡ ναοδομία καί ἡ σύγχρονη τέχνη. Ἀρχιτεκτονική – Ζωγραφική, Θεσσαλονίκη 1978, 154.

sche Differenzen zwischen Ost- und Westkirche durchaus auch architektonische Folgen zeitigen können, weist Michael Mitterauer am Beispiel der Fegefeuer-Theologie nach.[21]

4. Kritische Anfragen

Ein erster Blick auf die o. a. orthodoxen Kirchenneubauten in Deutschland lässt deutlich erkennen, dass ihre Bauform durchgehend traditionell ist. Als Kalokyris 1978 seine Untersuchung zum zeitgenössischen Kirchbau veröffentlichte, stellte er zwar fest: „Während die Schritte in Richtung eines modernen ‚orthodoxen' Kirchenbaus generell in Europa weniger mutig sind, scheinen sie in Australien liberaler und in Amerika gewagter zu sein. (...) In Europa sind gerade erst jetzt interessante Beispiele modernen orthodoxen Kirchbaus anzutreffen."[22] Er bezog sich dabei aber nicht auf Deutschland, sondern auf die Kirche des Orthodoxen Zentrums in Chambésy (1974),[23] um dann wegen dieses Übergewichts „traditionell konzipierter Kirchen" die Frage zu stellen: „Muss die orthodoxe Kunst weiterhin die traditionellen Formen und so die Tradition verabsolutieren oder muss sie – nach dem Beispiel der anderen Kirchen – ihre Lebendigkeit zeigen und nachweisen, dass sie die Zeit, in der sie lebt, und die zeitgenössischen künstlerischen Ideale der jungen Menschen nicht ignoriert, die auch ihre eigenen Menschen sind? Und wenn ja, wie weit ‚erlauben' dies die dogmatischen und sonstigen substantiellen Voraussetzungen der Orthodoxie?"[24]

In der Tat gilt es, die starre Traditionstreue orthodoxen Kirchbaus in Deutschland durchaus kritisch zu hinterfragen, ähnlich wie dies Athanasios Vletsis für die geschriebene Theologie tut: „Wird das Festhalten an den Traditionen als eine äußerliche Hülle des Glaubens interpretiert, der eigentlich im Geist offener nachvollzogen werden kann, wobei dann das Festhalten an den Traditionen nur die Kontinuität einer Identität vermitteln will, die sich aber innerlich viel differenzierter darstellen lässt?"[25]

21   *Michael Mitterauer:* Dimensionen des Heiligen: Annäherungen eines Historikers, Wien 2000, 302.
22   *Kalokyris,* Ἡ ναοδομία καί ἡ σύγχρονη τέχνη, 63 f.
23   1995 kam ebenfalls in der Schweiz mit der Kirche des hl. Dimitrios in Zürich ein weiterer moderner orthodoxer Kirchbau hinzu. Vgl. www.orthodoxie-zuerich.ch/die-mitglieder/griechischorthodoxe-kirche (aufgerufen am 27.07.2018).
24   *Kalokyris,* Ἡ ναοδομία καί ἡ σύγχρονη τέχνη, 12.
25   *Athanasios Vletsis:* Tradition als Treue oder als Restauration. Thesen und Fragen als Prolegomena zu einer orthodoxen Hermeneutik der Tradition; in: *Bernd Oberdorfer/Uwe Swarat* (Hg.): Tradition in den Kirchen. Bindung, Kritik, Erneuerung, (Beih ÖR 89), Frankfurt a. M. 2010, 90.

Der Kaufunger Architekt Klaus Hönig, der immerhin durch den Bau von fünf orthodoxen Kirchen in Deutschland sich den Ehrentitel eines Ναοδόμος erworben hat, hat in vielen Gesprächen mit den jeweiligen Bauherren davor gewarnt, aus falsch verstandener Treue zur Tradition, exotische Gebäude zu errichten, die nichts mit dem gewachsenen Umfeld zu tun hätten. Er nannte ein solches Tun „chinesische Pagoden in deutsche Innenstädte setzen".[26] Bei seinen eigenen Kirchbauten legte er deshalb besonderen Wert auf die Verwendung regional üblicher und traditioneller Baumaterialien.[27]

Apropos Baumaterialien: Es überrascht schon, dass von den 43 nach 1945 in Deutschland erbauten orthodoxen Kirchen acht Holzkirchen sind. Handelt es sich um einen besonders intensiven Ausdruck einer – womöglich der o. a. Traditionstreue geschuldeten – Retro-Bewegung? Holz als Ausdruck einer traditionellen Bauweise? Oder gar als Rückkehr zu einem „einfachen Lebensstil"? Wohl eher nicht. Vielmehr scheint es den Erbauern eher um nationale Identitätsstiftung zu gehen. Inwieweit aber eine dem landwirtschaftlich geprägten Raum entnommene Bauform für den in der industriellen oder post-industriellen Gesellschaft lebenden orthodoxen Neubürger tatsächlich Identität und insbesondere religiöse Heimat stiftet, bleibt dahin gestellt. Der aufmerksame Zeitgenosse erinnert sich an die Diskussionen der 90er Jahre des letzten Jahrhunderts, als anlässlich des in Genf geplanten und durchgeführten Baus der ersten rumänischen Holzkirche in Westeuropa viele der dortigen – mittlerweile arrivierten – Gemeindemitglieder es als unter ihrer Würde betrachteten, eine Kirche zu nutzen, die sie als „Dorfkirche" empfanden.

So lässt sich zusammenfassend sagen, dass der orthodoxe Kirchenbau hierzulande (noch) von vielen Versuchungen bedroht wird: neben einem latenten Nationalismus, dem immer auch der Provinzialismus innewohnt, und einem *sta*rren Formalismus ist dies – nach Kalokyris – insbesondere die bauliche Standardisierung, die bekanntlich „den Tod jeder Kunst bedeutet".[28]

---

[26] Vgl. auch www.ksta.de/form-spiegelt-die-orthodoxe-lehre-14334302 (aufgerufen am 10.07.2018).

[27] Ebenso wie Kalokyris wies Hönig wiederholt darauf hin, dass etwa die Apsis einer orthodoxen Kirche, ebenso wie ihre Kuppel oder ihre Türme nicht dekorative Elemente im Dienste einer verspielten Beliebigkeit sein können, sondern in sich selbst theologische Aussagen transportieren. Ähnlich äußern sich zurzeit orthodoxe Fachleute in Frankreich, wo die neu errichtete russische Kirche in Paris unweit des Eiffelturms Zweifel an der kirchenbaulichen Kompetenz ihrer Architekten und Bauherren hervorruft; vgl. www.franceculture.fr/architecture/paris-une-nouvelle-cathedrale-pas-tres-orthodoxe (aufgerufen am 12.07.2018).

[28] *Kalokyris,* Ἡ ναοδομία καί ἡ σύγχρονη τέχνη, 157.

Geistlich und geistig – Kirche und Aula

Die Universitätskirche St. Pauli in Leipzig als Herausforderung und Chance

Alexander Deeg[1]

1. „Höher als alle Vernunft ...“ – St. Pauli in Leipzig

Am 30. Mai 1968 wurde die Leipziger Universitätskirche St. Pauli gesprengt; knapp 50 Jahre später, am 1. Dezember 2017 wurde die neue Aula der Universität Leipzig feierlich eröffnet, und am 3. Dezember 2017 (Erster Advent) die neue Universitätskirche St. Pauli geweiht. Aula und Kirche sind nicht zwei verschiedene Gebäude, sondern ein und dasselbe, das offiziell den Namen „Paulinum – Aula und Universitätskirche St. Pauli" trägt.[2] Das neue „Paulinum" befindet sich an der Stelle der 1968 gesprengten Kirche; der Grundriss des neuen Gebäudes und der ehemaligen Kirche sind (beinahe) identisch. Im Inneren finden sich zahlreiche aus der alten Kirche gerettete Kunstgegenstände, vor allem 27 Epitaphien[3] und der spätgotische Paulineraltar. Die Säulen im neuen (Kirchen-)Raum erinnern an die Säulen der alten Kirche. Allerdings sind sie statisch nicht mehr nötig. Sie wurden als Lichtsäulen gestaltet, von denen drei auf der Nord- und drei auf der Südseite des Kirchenschiffs als hängende Säulen gestaltet sind.

---

[1]   Alexander Deeg ist seit 2011 Professor für Praktische Theologie an der Theologischen Fakultät der Universität Leipzig und stellvertretender Universitätsprediger.
[2]   Vgl. www.campus-augustusplatz.de/paulinum (aufgerufen am 11.08.2018).
[3]   Bei Wikipedia findet sich eine bebilderte Übersicht der 1968 aus der Universitätskirche geretteten und inzwischen restaurierten und in der neuen Kirche befindlichen Epitaphien: https://de.wikipedia.org/wiki/Liste_der_Epitaphien_in_der_Paulinerkirche_Leipzig (aufgerufen am 12.08.2018).

Blick ins Innere der Universitätskirche St. Pauli, Universitätsgottesdienst am 12.08.2018

Wer in das neu entstandene, architektonisch und ästhetisch herausragende Gebäude hineingeht, betritt eine Kirche, die zugleich auch eine Aula ist – und eine Aula, die zugleich auch Kirche ist. Dies allerdings hört sich einfacher an, als es war und ist. Das Miteinander von Aula und Kirche gehört hinein in eine Geschichte des Streits und des jahrelangen Diskurses über die Rolle von Religion im Kontext einer staatlichen Universität in einer zunehmend säkularen Gesellschaft im frühen 21. Jahrhundert,[4] über das Wechselspiel von Glaube und Wissenschaft angesichts einer jahrhundertelangen Geschichte der fruchtbaren Koexistenz und einer jahrzehntelangen Geschichte des Antagonismus (vor allem) in DDR-Zeiten, über den Einfluss der Kirche, über Kunst und Tradition und ihre Pflege.

Im Wikipedia-Artikel zu dem Raum heißt es: „Das Paulinum als universitätseigenes Gebäude vereinigt unter seinem Dach sowohl wissenschaftliche Institute und die Universitätskirche. Von dieser kann die Aula durch einen transparenten Raumteiler (Glaswand) abgetrennt werden."[5] Der erste dieser beiden Sätze ist völlig korrekt: Über dem Kirchendach befinden sich weitere Räume der Universität, die zur Fakultät für Informatik und Mathematik gehören. Der zweite Satz aber suggeriert, dass die Kirche nur der jenseits einer Glaswand befindliche Ostteil des Gebäudes wäre und es sich bei dem Rest um die Aula handeln würde. Dass das Gesamtgebäude *beides zugleich* ist, erscheint für manche nicht leicht nachzuvollziehen. Es ist aber die Vorstellung, die sich so auch in der Bauausschreibung 2003

---

4 Vgl dazu grundlegend *Wolfgang Ratzmann:* Universitätsaula und Universitätskirche. Stationen und Positionen in einem spektakulären Leipziger Bauprojekt; in: PTh 98 (2009), 282–298; *ders.:* Faszinierend und heftig umstritten. Stationen und Positionen beim Bau des neuen symbolischen Zentrums der Leipziger Universität; in: *Peter Zimmerling* (Hg.): Universitätskirche St. Pauli. Vergangenheit, Gegenwart, Zukunft. Festschrift zur Wiedereinweihung der Universitätskirche St. Pauli zu Leipzig, Leipzig 2017, 162–174.

5 Vgl. https://de.wikipedia.org/wiki/Paulinum_(Universit%C3%A4t_Leipzig) (aufgerufen am 11.08.2018); Wikipedia-Artikel können beständig umgearbeitet werden.

findet, wo von der Errichtung eines „geistige[n] und geistliche[n] Zentrum[s] der Universität", das als „Aula und Kirche" genutzt werden kann, die Rede war.[6] Ein solches *Hybridgebäude* ist zweifellos komplexer, als es entweder ein originalgetreuer Wiederaufbau der Universitätskirche gewesen wäre oder der Bau einer Aula an der Stelle der ehemaligen Universitätskirche, die bewusst keine Kirche zu sein beansprucht. Der niederländische Architekt Erick van Egeraat schreibt, sein Bau solle „Kirche [sein] für diejenigen, die eine Kirche sehen wollten, und eine Universitätsaula für die anderen, die eine solche sehen möchten [...]".[7]

Im Jahr 2006 wurde erstmals die Möglichkeit erwogen, eine Glaswand zwischen Chorraum und Kirchenschiff einzubauen, vor allem um für die restaurierten Epitaphien sowie den Pauliner altar ein möglichst stabiles Raumklima zu ermöglichen, aber auch um eine Trennung des im engeren Sinne Aulabereichs vom Chorraum der Kirche zu erreichen. Nach heftigen Diskussionen wurde diese Lösung realisiert. Üblicherweise trennt die Glaswand nun zwei Teilräume voneinander, die aber z. B. bei den Universitätsgottesdiensten geöffnet wird. Diese Abtrennung freilich begünstigt Formulierungen, die auseinanderreißen, was seit der Ausschreibung miteinander verbunden ist: *Sakrales und Profanes.* Manche bezeichnen den Chorraum dann auch als „Andachtsraum", wogegen das Schiff dann „Aula" genannt wird.

Zweimal ist der Apostel Paulus im Altar der Kirche zu sehen: In der Predella erscheint die Szene seiner Berufung, weiter oben steht er – ganz klassisch – mit Schwert und Buch. Paulus, der teilweise als erster Theologe des im Kontext des Judentums neu entstehenden christlichen Glaubens gesehen wird, steht zugleich wie kein anderer für die Wahrnehmung der Grenzen menschlicher Vernunft, für einen Glauben, der sich auf den gekreuzigten Christus gründet, der „höher ist als alle Vernunft" (Phil 4,7) und der mit „hohen Worten oder hoher Weisheit" gerade nicht erfasst werden kann (1 Kor 2,1). Es ist nicht ohne Ironie, dass die Geschichte des Wiederaufbaus der Leipziger Universitätskirche St. Pauli auf genau diesen überaus „paulinischen" Streit zwischen Glaube und Vernunft verweist.

2. Die Wunde in der Geschichte der Stadt

Der 30. Mai 1968 riss eine „Wunde" in die Geschichte der Stadt, die durch den Neubau des „Paulinums" keineswegs geschlossen werden sollte.

---

[6] Vgl. *Ratzmann,* Universitätsaula und Universitätskirche, 291.
[7] *Erick van Egeraat:* Erinnerungen für die Zukunft; in: *Zimmerling,* Universitätskirche St. Pauli, 185–194, hier 193.

Bereits die zum Augustusplatz geöffnete Ost-Fassade des Paulinums gibt davon Zeugnis: Die Symmetrie ist gestört, die Rosette nach links/Süden verschoben. Vertikale gläserne Linien können als Symbol der Sprengung gedeutet werden.

1968 wurde eine Kirche zerstört, deren Geschichte bis auf das Jahr 1240 zurückgeht, als an dieser Stelle die Klosterkirche des Leipziger Dominikanerkonvents geweiht wurde. Im späten 15. und frühen 16. Jahrhundert erfolgte ein Umbau zu einer gotischen Hallenkirche. 1539 schloss sich die Stadt Leipzig der Reformation an, 1543 wurde die Kirche an die Universität übereignet und zunächst als Aula genutzt. 1545 predigte Martin Luther in der Kirche, die nun zur evangelisch-lutherischen Universitätskirche wurde.

„Paulinum" – Ansicht vom Augustusplatz

Seit den 1540er Jahren prägte das Miteinander von Aula und Kirche die Leipziger Pauliner-Kirche. Nachweislich ab dem Jahr 1710 fanden in der Kirche regelmäßige Universitätsgottesdienste an Sonn- und Feiertagen statt, die nach der Sprengung bis zum Ende des Kirchenjahres 2016/17 in der Nikolaikirche gefeiert wurden. Die Universitätskirche überstand den Zweiten Weltkrieg fast ohne Schäden und wurde von 1943 bis 1968 auch für katholische Gottesdienste genutzt, nachdem die Propsteigemeinde St. Trinitatis durch Bomben zerstört worden war.

Bereits recht früh war die Kirche manchen Funktionären der SED, allen voran dem aus Leipzig stammenden Walter Ulbricht, ein Dorn im Auge und galt als ein *Schandfleck* am zentralen Augustusplatz, der nun „Karl-Marx-Platz" genannt wurde, und als ein Störfaktor für die „Karl-Marx-Universität", in die die Leipziger Universität 1953 umbenannt wurde. Am 7. Mai 1968 erfolgte der Beschluss des Politbüros der SED zum Abriss der Kirche, am 17. Mai 1968 stimmte der Senat der Karl-Marx-Universität bei nur zwei Gegenstimmen aus der Theologischen Fakultät zu. Der letzte evangelische Gottesdienst und die letzte katholische Messe fanden am Himmelfahrtstag, 23. Mai 1968, in der Kirche statt. Danach blieb eine knappe Woche Zeit, um wichtigste Kunstschätze aus der Kirche zu entfernen, bevor diese gesprengt wurde. „Am Tag der Sprengung [...] versammelte sich eine vielhundertfache Menge, von der örtlichen Polizei weit ab-

488

gedrängt, die mit Ingrimm das makabre Schauspiel verfolgte: wie sich nach dem dumpfen Knall der Dachreiter neigte, wie in wenigen Sekunden die ehrwürdige Universitätskirche in sich zusammenfiel und wie eine große Staubwolke alles verhüllte. Der barocke Orgelprospekt war dabei ebenso in die Luft geflogen wie die Masse der Gräber mit den Gebeinen der früheren Honoratioren der Universität und der Stadt."[8]

Gedenkstein zur Erinnerung an die Sprengung der Kirche, Nordostwand

3. Von der Sprengung 1968 zum „Paulinum" 2017

Bei der Einweihung der Universitätskirche am ersten Advent 2017 sprach der erste Universitätsprediger Peter Zimmerling vom „Wunder von Leipzig". Und in der Tat erscheint es angesichts der Geschichte der Auseinandersetzung um den rechten Umgang mit der gesprengten Kirche in den Jahren nach der Friedlichen Revolution als mindestens großartig, dass ein architektonisch beeindruckendes, vielfältig nutzbares, große Aufmerksamkeit bei Touristen und Bürgern der Stadt Leipzig findendes Gebäude am Augustusplatz entstanden ist – auch wenn es nicht wie geplant zum 600-jährigen Jubiläum der Universität Leipzig 2009 fertiggestellt werden konnte, sondern erst acht Jahre später.

Die beiden Positionen, die sich über Jahre gegenüberstanden, waren die – seit 1992 vor allem durch die Bürgerinitiative zum Wiederaufbau der Universitätskirche (später: Paulinerverein) vertretenen – Befürworter eines

---

[8] *Ratzmann,* Universitätsaula und Universitätskirche, 284. – Bilder zur Sprengung und Bilder, die die Kirche vor der Sprengung und den Karl-Marx-Platz danach zeigen, finden sich unter: www.archiv.uni-leipzig.de/blog/30-mai-1968-10-uhr-sprengung-der-pauliner-kirche/ (aufgerufen am 12.08.2018).

möglichst originalgetreuen Wiederaufbaus der Universitätskirche (etwa nach dem Modell der Dresdener Frauenkirche) einerseits und die Gruppe derer, die den Wiederaufbau einer Kirche ablehnten und den Bau einer Universitätsaula an der Stelle der ehemaligen Kirche forderten, andererseits. Die Sächsische Staatsregierung befürwortete im Januar 2003 einen Wiederaufbau der Kirche; in den nun folgenden Monaten wurde erhitzt diskutiert, bevor dann im August 2003 ein erneuter, begrenzter Architektenwettbewerb ausgeschrieben wurde. Diesen gewann das *Kompromissmodell* van Egeraats. 2007 wurde mit dem Bau begonnen, bereits 2008 das Richtfest gefeiert. Die weitere Fertigstellung des Baus verzögerte sich vor allem, weil die verglasten und von innen beleuchteten Säulen weit mehr Probleme bereiteten als gedacht. 2014 kehrte der – inzwischen in der Leipziger Thomaskirche eingestellte – Paulineraltar zurück; noch offen ist das Schicksal der 1738 von Valentin Schwarzenberger gebauten und 1968 geretteten Barockkanzel. Diese aufzustellen würde bedeuten, im Kirchenschiff/in der Aula – und nicht im Chorraum (!) – einen klar erkennbaren *sakralen Gegenstand* zu positionieren. Gleichzeitig stellt sich die Frage, ob die restaurierte Kanzel durch das weit weniger ideale Raumklima im Gesamtraum Schaden nehmen könnte. 2015 und 2016 wurden die beiden neuen Orgeln in die Kirche eingebaut.

Seit Anfang Dezember 2017 ist die Aula/Kirche nun Veranstaltungsort für Musik- und Kulturveranstaltungen sowie zentrale Feiern der Universität sowie einzelner Fakultäten; seit dem ersten Advent finden wieder an jedem Sonn- und Feiertag Universitätsgottesdienste in der St. Pauli-Kirche statt. Die musikalisch meist reich und in unterschiedlichen Musik-Ästhetiken von Bach bis Jazz gestalteten Gottesdienste werden bisher von durchschnittlich 200 bis 300 Feiernden besucht; nicht selten sind es auch deutlich mehr. Statistiken zur Zusammensetzung dieser Gemeinde liegen (noch) nicht vor. Die Gottesdienste ziehen aber neben dem traditionellen Stammpublikum der Leipziger Universitätsgottesdienste auch zahlreiche Touristen an sowie Menschen, die noch Erinnerungen an die alte Universitätskirche haben und nun das neue Gebäude sehen wollen. Auffällig ist, dass auch weit mehr Studierende als vorher die Universitätsgottesdienste besuchen. Mindestens einzelne Gespräche weisen darauf hin, dass sich auch säkulare Menschen auf den Weg in die Gottesdienste machen, die augenscheinlich auch als Ort der intellektuellen und emotionalen Auseinandersetzung mit dem Phänomen der Religion in der Gesellschaft der Gegenwart wahrgenommen werden. Genau darin liegt m. E. auch die besondere Chance eines Hybridgebäudes, auf die ich abschließend zu sprechen komme.

4. Von den Chancen eines Hybridgebäudes

Kulturwissenschaftlich geht es bei dem Phänomen der *Hybridität* um kulturelle Überschneidungen, die notwendig zu neuen Konstrukten jenseits dualer Alternativen führen. Der neue, hybride Raum bietet m. E. eine besondere Chance für eine gegenwärtige Signatur religiöser Existenz, die manche als „spät-modern", andere als „post-säkular" beschreiben.[9] Gemeint ist damit eine Situation, in der alte, duale Frontstellungen (Glaube versus Wissen, Religion versus Atheismus), wie sie etwa die Diskussionskultur (und leider auch die politische Praxis!) im Kontext der DDR wenigstens teilweise geprägt haben, überwunden sind.

Der hybride Raum fordert von den für die Gottesdienste Verantwortlichen besondere Sensibilität und gibt besondere Möglichkeiten. Vor allem scheint es denkbar, durch die Gottesdienste Akzente zu setzen und etwa das Wechselspiel zwischen gottesdienstlichem *Kultus* und umgebender *Kultur* bewusst zu gestalten. Darüber hinaus sollte es m. E. nun vor allem auch darum gehen, Formate für Veranstaltungen zu entwickeln, die dem hybriden Raum in besonderer Weise entsprechen und Begegnungen von Religion und Wissenschaft, Religion und Kultur, Religion und gesellschaftlicher Praxis in denkbar großer Vielfalt bieten.

Der 1948 geborene tschechische katholische Theologe Tomáš Halík schreibt: „Ein gläubiger Mensch ist nie ganz ein Glaubender und ein ungläubiger Mensch ist nicht völlig ein Ungläubiger. Selbst die Existenz ‚der anderen', wenn wir sie nicht durch die Brille ideologischer Vorurteile wahrnehmen, sondern uns bemühen, sie zu verstehen, ruft in uns notwendigerweise Fragen hervor, die unsere eigenen Positionen betreffen."[10] Halík sieht in dem offenen Dialog nicht nur die entscheidende Chance für die Religion, dem Fundamentalismus zu entkommen, sondern vor allem, sich von einem *„banalen Gott"* zu befreien.[11]

In diesem Sinne kann die Universitätskirche St. Pauli ein Ort des Miteinanders und des Dialogs und des gemeinsamen Suchens nach Gott werden. Ob Paulus, dem Namenspatron, das gefiele? Ich meine: Ja! Er selbst sagt von sich: „Nicht, dass ich's schon ergriffen habe oder schon vollkommen sei; ich jage ihm aber nach, ob ich's wohl ergreifen könnte, weil ich von Christus Jesus ergriffen bin" (Phil 3,12).

Fotos: Alexander Deeg

---

[9] Vgl. *Jürgen Habermas:* Glauben und Wissen. Friedenspreis des Deutschen Buchhandels 2001, Frankfurt a. M. 2001.

[10] *Tomáš Halík:* Glaube und sein Bruder Zweifel, aus dem Tschechischen von Markéta Barth unter Mitarbeit von Benedikt Barth, Freiburg/Basel/Wien 2017, 101.

[11] Ebd., 104.

Gleitende Wände

Das ökumenische Kirchenzentrum Maria Magdalena in Freiburg-Rieselfeld und seine beiden Gemeinden

Stefan Orth[1]

Werden Christen in Zukunft in der Mitte der Gesellschaft nur noch dann wahrgenommen, wenn sie stärker zusammenfinden, anstatt sich in konfessionelle Nischen zurückzuziehen? Im damals neuen Freiburger Stadtteil Rieselfeld, so will es zumindest die Gründungslegende, waren Mitte der neunziger Jahre im letzten Jahrhundert im Masterplan zuerst zwei verschiedene Kirchengebäude jeweils am Rande des neuen Quartiers für die geplanten 11.000 Bewohner vorgesehen. Dem damaligen Baubürgermeister der Stadt soll es dann, durchaus gegen Widerstände in den Kirchenleitungen gelungen sein, beide Kirchen zum ökumenischen Miteinander zu bewegen, indem er ihnen ein Grundstück am zentralen Platz überließ: unter der Bedingung, dass sie es gemeinsam bebauen und gemeinsam nutzen. Ein Wettbewerb wurde ausgeschrieben, den die Kölner Architektin Susanne Groß gewonnen hat und damit die Koexistenz der beiden großen christlichen Kirchen in einem ökumenischen Zentrum begründet.

Herausgekommen ist der 2004 von einem Weih- und einem Landesbischof gemeinsam „eingeweihte" Bau, der durchaus polarisiert. Auf der einen Seite gibt es bemerkenswert abfällige Kommentare. In einem Band mit „Freiburger Stadtspaziergängen" heißt es auf den Seiten über das Rieselfeld durchaus signifikant: „Plötzlich sticht ein ungewöhnlicher Betonkomplex geradezu ins Auge. Bei dem grauen Koloss handelt es sich weder um einen Gemeinschaftsbunker der Rieselfelder Bewohnerschaft noch um

[1] Stefan Orth, Dr. theol., ist seit 1998 Redakteur der Herder Korrespondenz und seit 2014 stellvertretender Chefredakteur.

ein industrielles Relikt aus den zwanziger Jahren, sondern um die (...) ökumenische Maria-Magdalena-Kirche."[2]

Kann eine solche Architektur auch kirchliche Heimat geben? Das ist heute nicht mehr umstritten. Jeder, der in der Kirche einmal Gottesdienst gefeiert hat, stellt nicht nur die erlebte Gemeinschaft in den Vordergrund, sondern kann dem Gebäude, dessen Inneres einladender und heller wirkt, als man von außen ahnt, über kurz oder lang dann doch einiges abgewinnen.

Auf der anderen Seite hört man auch hymnische Stimmen, nicht nur in Architekturzeitschriften. Maria Magdalena sei „ein Solitär aus Sichtbeton. Karg, aber nicht armselig. Eine feste Burg, aber keine bunkerartige, militärische Festung. Ein sakrales Haus mit klugen Lichteffekten, das in die Höhe strebt, aber zugleich geerdet bleibt", hieß es beispielsweise in den „Zeitzeichen"[3]. Wobei auch die erste Quelle zugesteht, dass die Kirche „eines der wenigen wirklichen architektonischen Highlights des Rieselfelds" ist: „Die Innenausstattung ist nüchtern, die hohen nackten Sichtbetonflächen mit dem von oben einfallenden Licht verleihen den sakralen Räumen aber eine umso kraftvollere Wirkung."

Die Kirche will ganz bewusst gebaute Skulptur sein. Gelobt wird die dekonstruktivistische Formensprache einschließlich der schiefen Wände. Fachleute haben mit Recht darauf hingewiesen, dass der Sichtbeton nicht so gut ausgeführt ist, wie dies heute möglich wäre. Vor allem an einem trüben Tag, erst recht, wenn es regnet, erscheint der Bau dadurch tatsächlich aus manchen Perspektiven trist. Im Inneren hingegen wirkt das Gebäude durch drei breite Glasbänder in der Decke bei jeder Witterung hell und freundlich. Und nachdem das letzte Gebäudeensemble schräg gegenüber fertiggebaut wurde, hat sich auch bestätigt, dass die Kirche mit ihren klaren Konturen inmitten der bunten und zudem einige Meter höheren Häuser, die sie umgeben, nicht mehr so massiv, sondern vor allem als ein gelungener Gegenakzent wirkt.

Gilt das auch für das Leben der beiden Gemeinden? Als die Kirche im Jahr 2004 fertig war, gab es durchaus jene, die das bisherige Leben in Provisorien zu vermissen begannen. Erst hatte man in einem Ladenlokal und dann in den Schulen Gottesdienst gefeiert, katholisch, evangelisch, aber auch schon ökumenisch. Gemeindeleben, so zeigte sich damals eindrucksvoll, geht auch ohne Kirchenbau, lebt im Wesentlichen von Menschen.

---

[2]   *Arndt Spieth:* Stadtspaziergänge in Freiburg, Karlsruhe 2009, 86.
[3]   Zeitzeichen 10 (2009), H. 1, 42–46, hier: 45.

Dabei muss immer klar sein, dass es sich bis heute um zwei Gemeinden handelt, selbst wenn man sich selbst gerne einfach als „Kirche im Rieselfeld" bezeichnet: die *Maria-Magdalena-Gemeinde* als evangelische und die katholische, natürlich, *Sankt Maria Magdalena*. Die Maria-Magdalena-Kirche ist deshalb auch nicht einfach ein ökumenisches Gemeindezentrum, sondern eher eine Art Doppelkirche mit einem gemeinsamen Narthex. Wer sie betritt, steht in einem hohen Foyer, in dem sich die Taufstelle befindet, weil dieses Sakrament die beiden Kirchen miteinander verbindet. Links geht es in den etwas größeren katholischen, rechts in den kleineren evangelischen Kirchenraum. Schon diese beiden Räume haben ihre je eigene Atmosphäre. Der evangelische lichter, als wolle er die rationale Durchdringung des Glaubens, die Bedeutung des Wortes symbolisieren, so die etwas klischeehafte Vorstellung der Architektin, der katholische abgedunkelter, eher mit mystischer Aura, deren Eindruck durch einige Nischen noch verstärkt wird.

Die Pointe freilich besteht in den großen, tonnenschweren Betonwänden, die mit Motoren zur Seite gefahren werden können. Feiern die Katholiken Gottesdienst und haben einmal mehr Raumbedarf, schieben sie ihre Wände zum Foyer hin zur Seite und bekommen einen größeren Kirchraum. Dasselbe gilt auf der anderen Seite. Die andere Konfession kann dann jeweils die Außentüren benutzen. Den schönsten Raumeindruck freilich erhält man, wenn die ökumenischen Gottesdienste gefeiert werden und alle vier Wände zur Seite gleiten. Tatsächlich wird da bei den meisten Gemeindemitgliedern und Besuchern die Vision geweckt, dass die Wände irgendwann einmal dauerhaft offenbleiben könnten. Die beiden Kirchenräume für sich genommen sind so hoch und eng, dass sie geradezu zur Weite der Ökumene drängen.

Dies ist freilich, von besonderen Anlässen abgesehen, derzeit vor allem viermal im Jahr der Fall. Bei den Krippenfeiern für die Kinder am Heiligen Abend, einem Gottesdienst zum neuen Jahr Mitte Januar mit anschließendem Umtrunk, dem Maria-Magdalena-Fest im Juli und dem Erntedanksonntag Anfang Oktober. Eine Konfession gibt in der Regel die Liturgie für den Wortgottesdienst vor, die andere stellt den Prediger oder die Predigerin. Faktisch sind es manchmal zwei Frauen, die dann den Gottesdienst leiten: die evangelische Pfarrerin und die katholische Pastoralreferentin.

Vieles beim ökumenischen Miteinander wie die Aufteilung der anderen Räume im Kirchenzentrum wie Büros, Gemeindesaal und Jugendräume, sauber nach einem bestimmten Schlüssel der Kostenbeteiligung, musste erst einmal ausgehandelt werden, was hin und wieder auch zu ganz individuellen Lösungen geführt hat: Die Glockenweihe etwa wurde bewusst am späteren Abend des Reformationstags und damit am Vorabend des katholischen Allerheiligenfests gefeiert.

In den meisten Fällen ist die ökumenische Zusammenarbeit inzwischen allerdings ganz selbstverständlich. Am normalen Sonntag finden der katholische und der evangelische Gottesdienst parallel statt, so dass die Glocken zu beiden gemeinsam einladen. In der Regel ist danach im Foyer Kirchencafé, wo man sich dann wieder begegnet – und auch der gemeinsam betriebene „Kirchenladen" hat oft geöffnet.

Theologische Reflexion, etwa in einem ökumenischen Arbeits- oder Gesprächskreis mit Mitgliedern aus beiden Gemeinden, steht nicht im Vordergrund. Was man jedoch gemeinsam tun kann, tut man – wie oft gefordert – auch einfach zusammen: in der Jugendarbeit, beim Kinderbibeltag, bei der Gestaltung des Lebendigen Adventskalenders, bei dem Rieselfelder am Abend eines jeden Dezembertags vor Weihnachten für einen Adventsimpuls vor ihr Haus einladen. Der ökumenische Kirchenchor singt an den Hochfesten in einem Gottesdienst – und im nächsten Jahr im anderen; ähnlich hält es der ökumenische Kinderchor. Das Dankefest für alle Ehrenamtlichen findet ausdrücklich als gemeinsame Veranstaltung statt.

Umgekehrt gibt es auch Indizien für die Angleichung der Konfessionen. Der erste evangelische Pfarrer, sonst ganz in Schwarz, hat sich gelegentlich auch einmal ein Messgewand mit Stola ausgeliehen, um etwas farbenprächtiger daher zu kommen. Genauso selbstverständlich wie in allen ökumenischen Gottesdiensten Ministranten dabei sind, wurde schon dazu eingeladen, zu Beginn ein Kreuzzeichen zu machen, eigentlich ja eine katholische Tradition. Auf der anderen Seite freuen sich die Katholiken auf den Posaunenchor im Neujahrsgottesdienst. Und evangelische Familien wiederum bestellen ungeniert die Sternsinger, wenn diese Anfang Januar ausschwärmen. Anfang 2018 wurden zum ersten Mal die Sternsinger, bei denen immer schon nicht-katholische Kinder dabei waren, in einem großen ökumenischen Gottesdienst ausgesendet.

Ökumene der Profile einmal anders. Alles in allem geht es im Rieselfeld ausgehend von dem beeindruckenden Kirchenbau durchaus darum, Ökumene nicht auf den größten gemeinsamen Nenner zu reduzieren, sondern auch die jeweiligen Stärken zur Geltung bringen zu dürfen, ohne dass es dadurch zu Verhärtungen kommt. Angesichts des weitgehend nichtchristlichen Umfeldes wäre alles andere wohl auch fatal.

Die Vor- und Nachteile der Situation im Rieselfeld liegen eng beisammen. Es gibt nur noch Spurenelemente konfessioneller Milieus, für das sich vieles von selbst versteht, umgekehrt gehören überdurchschnittlich viele konfessionsverbindende Paare zur Gemeinde, der Gottesdienst auf der anderen Seite ist durchaus eine Option. Ein katholisches Verbandswesen beispielsweise sucht man im Stadtteil vergeblich. Das gibt auf der anderen Seite auch die Möglichkeit, manches anders zu machen, weil die

Fraktion derer, die am Althergebrachten festhalten wollen, schlicht nicht existiert. Sie ist erst gar nicht ins Rieselfeld gezogen – oder bleibt auf Distanz. Während viele Kirchengemeinden heute immer noch von ehemals etablierten Strukturen profitieren, musste so etwas wie Gemeinde im Rieselfeld gewissermaßen erst erfunden werden.

Dass dies überraschend gut gelungen ist, hat auch mit der Vernetzung in die Zivilgesellschaft des Stadtteils zu tun. Gegenüber dem Marktplatz, an dem das Kirchengebäude liegt, befindet sich das sogenannte Glashaus, gebaut von der Stadt für eine Mediathek, ein Jugendzentrum und andere Räume für die Quartiersarbeit. Es dürfte den meisten Rieselfeldern gar nicht bewusst sein, dass beispielsweise das jährliche Stadtteilfest Ende Juli mit Tanzvorführungen, Bierzelt und dem Salatbüffet der beiden Kirchengemeinden an deren Patrozinium stattfindet – und diese wiederum im Gegenzug auf ein eigenes Pfarr- oder Gemeindefest verzichten.

Die Vernetzung mit überregionalen kirchlichen Einrichtungen, auf katholischer Seite etwa dem Stadtdekanat oder der Erzdiözese bleibt bis heute eher mühsam. Der Zwang, sich auf eine Seelsorgeeinheit mit Gemeinden in zwei anderen Stadtteilen einzulassen, ist zu einer echten Bewährungsprobe geworden. Auch wenn die beiden anderen Gemeinden jeweils lebendige ökumenische Kontakte zu ihren evangelischen Schwestergemeinden haben, besteht die Gefahr, beim Zusammenwachsen der Seelsorgeeinheit Loyalitätsverletzungen gegenüber dem ökumenischen Partner vor Ort zu begehen. Das Kirchenzentrum ist hier auch Verpflichtung.

Die Pastoral in einem Neubauviertel ist dabei, ob man den Begriff mag oder nicht, katholisch wie evangelisch gewissermaßen zur missionarischen Seelsorge verdammt: nicht im Sinne lautstarker Aufrufe zur Bekehrung, sondern einer einladenden Atmosphäre, aufgrund derer Noch- und Schon-Wieder-Christen gerne dabei sind. Es geht darum, Menschen zum Kommen einzuladen und für die Mitarbeit zu gewinnen. Das gelingt durchaus: In beiden Gemeinden machen nicht wenige mit, die über einen längeren Zeitraum auch auf Distanz zur Kirche waren.

Ein wichtiges Mittel ist dabei jener „Kirchenladen", rechts neben dem Haupteingang in Richtung Marktplatz gelegen und somit das „niederschwellige Angebot", das die Theoretiker der City-Pastoral fordern. Man kann hier im zwischenzeitlich eingeschränkten Umfang Bücher und fair gehandelte Waren kaufen, sich über den Kirchenbau informieren und auch seine Bedürfnisse vortragen. Alle Hauptamtlichen in der Pastoral der beiden Gemeinden haben idealerweise je einen Nachmittag die Woche Präsenzdienst, ansonsten gibt es ein großes ehrenamtliches Team. Von Bedeutung sind ferner die Gemeindebriefe, die drei beziehungsweise jetzt zweimal im Jahr auch an alle Haushalte im Rieselfeld unabhängig von der Religionszugehörigkeit gehen.

Bei diesen Aktivitäten sind selbstredend alle Entwicklungen, die Religionssoziologen und Pastoraltheologen mit Blick auf die heutige Gesellschaft beschreiben, aufgrund der vergleichsweise jungen Bewohner des Stadtteils unmittelbar und damit stärker als in anderen Gemeinden zu spüren. „An die Stelle einer alltagszyklischen Frömmigkeit mit täglicher beziehungsweise wöchentlicher Gottesdienstteilnahme, wie sie verpflichtend wurde und teilweise noch heute als Ideal angesehen wird", schreibt etwa der Liturgiewissenschaftler Guido Fuchs, sei heute „bei vielen Menschen eine (kirchen)jahreszeitzyklische bzw. lebenszyklische Frömmigkeit getreten. Das heißt, dass nur noch ausgewählte Gottesdienste wie etwa zu Weihnachten, Ostern, Erntedank etc. oder gar nur zu besonderen Anlässen wie Taufe, Trauung, Beerdigung ‚besucht' werden."[4] An einem hochsommerlichen Sonntag kann die Maria-Magdalena-Kirche hier wie dort auch einmal weniger als halb voll sein, ebenso an Feiertagen, die mit ihrem theologischen Gehalt nicht nur für Kinder wenig anschaulich sind und faktisch kaum noch Plausibilität für die Gläubigen vor Ort haben.

Einen Beichtstuhl oder die Alternative Beichtzimmer hat man auf katholischer Seite in realistischer Einschätzung der Nachfrage erst gar nicht mehr vorgesehen. Angesichts dieser Entwicklungen ist es mit Sicherheit auch ein Vorteil, dass man nicht die üblichen Parameter für die Größe eines Kirchenraums angelegt, sondern im katholischen Kirchenraum etwa lediglich 250 Plätze vorgesehen hat. Im evangelischen sind es gar nur um die 100. Wer wollte nicht lieber in einer leicht überfüllten als in einer halb leeren Kirche Gottesdienst feiern? Dass es nur noch Stehplätze gibt und man auf die Emporen ausweichen muss, kommt freilich regelmäßig vor, nicht nur an den Adventssonntagen oder am Heiligen Abend. Und nicht zuletzt die ökumenischen Gottesdienste sind aufgrund der besonderen jahreszeitlichen Akzente diejenigen, die am meisten Menschen versammeln können.

Die Stadt Freiburg hat damals aufgrund der großen Wohnungsnot das Rieselfeld als neuen Stadtteil entwickelt. Das hat für einige Jahre Entspannung auf dem Wohnungsmarkt bedeutet. Inzwischen plant man, unmittelbar nördlich des Rieselfelds den nächsten Stadtteil mit Namen Dietenbach, für geschätzte 15.000 Bewohner. Es wird interessant sein zu sehen, was die Erfahrungen mit der Ökumene im Rieselfeld dafür austragen werden, wie sich Christen baulich, aber auch darüber hinaus als „Kirche in Dietenbach" präsentieren werden.

---

[4]   *Guido Fuchs:* Wochenende und Gottesdienst. Zwischen kirchlicher Tradition und heutigem Zeiterleben, Regensburg 2008, 20 f.

Die Antwort gab der Kirchenbau – von der Pfarrkirche St. Helena zum „Dialograum Kreuzung an Sankt Helena"

Burkard Severin[1]

An die 100 Tango-Tänzer*innen bewegen sich anmutig durch die großformatigen Bilder des „Evangelium Projektes" der russischen Künstler *Dmitry Vrubel* und *Victoria Timofeev,* die den Besucher des „Dialograums Kreuzung an Sankt Helena" in die existenzielle Dynamik der Begegnungen Jesu mit den Menschen hineinnehmen. „Diese besondere Atmosphäre des Raumes, die zum Zuschauen, Zuhören, zu Gesprächen und zum Nachspüren dessen, was hinter der greifbaren Wirklichkeit liegt, einlädt", erklärt Bernhard in der Pause des Tanzabends für Tango- und Nicht-Tango-Tänzer, „diese besondere Atmosphäre des Raumes macht für mich den Reiz dieses Ortes aus."

[1]   Burkard Severin leitet das „Institut für Systemische Organisationsentwicklung" (ISO) in Königswinter. Als geschäftsführender Assistent am Seminar für Pastoraltheologie der

Szenenwechsel: Wer den Dialograum betritt, passt bei seinen Schritten auf, denn auf dem Boden der freien Grundfläche von 280 Quadratmetern hat der Künstler *Klaus Hann* eintausend Eier in seiner begehbaren Installation „Ab Ovo" positioniert. Das Ei, Sinnbild des Lebens, verlangt Achtsamkeit und einen sorgsamen Umgang.

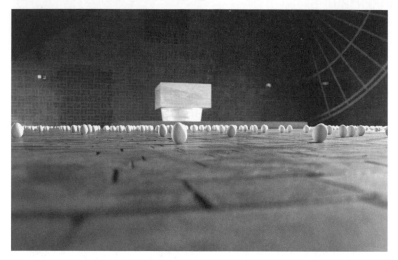

Ein letzter Szenenwechsel: Es ist der erste Mittwochabend im Monat. Zum 73. Mal hat der Bonner Komponist *Michael Denhoff* zu einem „WortKlangRaum" eingeladen, diesmal unter dem Stichwort „verspielt". Das *Duo Milonga* und die polnische Sängerin *Birte Schrein* interpretieren Werke von *Grzeszczak, de Falla, Majkusiak, Laurenz* u. a. „In seiner Leere wartet der Raum Sankt Helena darauf, dass Menschen anfangen, den Themen ihres Lebens Gestalt zu geben", erklärt *Denhoff.* „Vielleicht wird dann erfahren: Was hier erprobt wird und was einst hier begangen wurde, handelt vom Leben, wie es ist und wie es sein könnte."

Im Jahresschnitt findet jeden zweiten Tag im Dialograum eine Veranstaltung statt: Kunstausstellungen, Installationen, Filmvorführungen, Podiumsdiskussionen, Symposien, Tanz- und Theaterprojekte, Performances, Konzerte, Lesungen, experimentelle Gottesdienste etc. Hinzu kommen Beteiligungen an Aktionen der Kunst- und Kulturszene im Bonner „Macke-Viertel", wie der Bonner Stadtteil, in dem sich der Dialograum befindet, gerne genannt wird.

Universität Bonn realisierte er mehrere von der DFG geförderte empirische Forschungsprojekte, bevor er 1996 mit Heidi Ruster das ISO gründete. Heute begleitet er Organisationen im Profit- und Non-Profit-Bereich bei ihren Veränderungsprozessen.

Das gesamte Programm wird ehrenamtlich von einem elfköpfigen Team des interreligiös und multinational besetzten Programmbeirats und einem fünfköpfigen Vereinsvorstand gestemmt. Jede Veranstaltung und jedes Programmformat werden von einem*r Beiratspaten*in kuratiert. Beirat und Vorstand kümmern sich um die Finanzierung und sämtliche Bereiche der Logistik – vom Getränkeeinkauf über die Licht- und Tontechnik bis hin zu Werbung und Öffentlichkeitsarbeit. Selbst der defekte Eichenholzquaderboden wurde von den ehrenamtlichen Mitarbeitern repariert. Dabei war St. Helena einmal eine „ganz normale Kirche"…

Ein „heiliger Ort" wurde „überflüssig"

Kirchenräume sind „heilige Orte", weil in ihnen „Heiliges geschieht":[2] die Begegnung von Mensch und Gott in Gottesdienst, Verkündigung, Gebet und in der Feier der Sakramente. Sie verweisen auf das Andere, den Anderen, das Transzendente, das Unverfügbare.[3] Was also tun, wenn der

[2]   *Albert Gerhards et al.:* Die Frage der Nutzung und Umnutzung von Kirchenräumen im Spiegel der Diskussionen 1997 und 2006; in: *Albert Gerhards/Martin Struck* (Hg.): Umbruch – Abbruch – Aufbruch? Nutzen und Zukunft unserer Kirchengebäude (= Bild – Raum – Feier. Studien zu Kirche und Kunst, Bd. 6), Regensburg 2008, 128–159, hier 141.

[3]   *Jörg Seip:* Pastoraltheologie als Kritik dichotomischer Praktiken. Fragehorizonte zu einer Bestimmung des sakralen Ortes im Wandel; in: *Albert Gerhards/Kim de Wildt* (Hg.): Der sakrale Ort im Wandel (= Studien des Bonner Zentrums für Religion und Gesellschaft, Bd. 12), Würzburg 2015, 49–63, hier 56.

„heilige Ort" augenscheinlich nicht mehr benötigt wird und „überflüssig" geworden ist? Vor dieser Frage stand Anfang des neuen Jahrtausends der Kirchenvorstand der damaligen Pfarrei St. Marien am nördlichen Rand der Bonner Innenstadt, die im Jahr 2000 aus den ehemals selbstständigen Pfarreien St. Helena, St. Franziskus und St. Marien fusioniert wurde. St. Helena hatte damals gerade noch 900 Pfarrangehörige, von denen nicht einmal mehr 30 zum Sonntagsgottesdienst kamen. Den anderen beiden Pfarreien ging es kaum besser. Zusammen brachte man es immerhin auf 3.500 „Seelen".

Dabei hatte es nach dem Zweiten Weltkrieg in der Aufbruchsstimmung des „Wirtschaftswunders" und der frisch gekürten „Bundeshauptstadt Bonn" für die Katholiken im Bonner Norden verheißungsvoll begonnen: Zuzüge durch die angesiedelten Bundesbehörden, Flüchtlinge aus den Ostgebieten, geburtenstarke Jahrgänge, Priester (nach heutigen Maßstäben) im Überfluss. So wurde die Marienpfarrei Mitte der Neunzehnhundertfünfzigerjahre in drei eigenständige Pfarreien aufgeteilt. Zwei der damaligen Kapläne wurden zu den ersten (und – wie sich im Nachhinein zeigen sollte – einzigen) Pfarrern der abgepfarrten Territorien ernannt. Zwei neue Kirchen wurden gebaut, daneben jeweils Pfarrhäuser, Pfarrheime und Kindergärten. Enthusiasmiert lebte die erste und einzige Generation der neuen Pfarreien das Ideal der „Pfarrfamilie", zu dem der als „anstößig" empfundene Kirchenbau von St. Helena von Beginn an nicht recht passen wollte.

Denn in der verkehrsreichen Bornheimer Straße fällt das Kirchengebäude von St. Helena erst auf den zweiten Blick auf:[4] Eingepasst in die Häuserfassade der Nachbarhäuser springt eine fenster-

---

[4]   Die Darstellung des Kirchengebäudes folgt *A. Habermann:* …nicht aus dieser Welt (Joh 18,36), aber in der Welt dieser Zeit (GS)… Versuch einer Überschreitung der Dichotomie „sakral/profan" am Beispiel der Umnutzung des Kirchenraumes an den „Dialograum Kreuzung an St. Helena" in Bonn. Unveröffentlichte Hausarbeit im SS 2015 (Seminar für Pastoraltheologie und Seminar für Liturgiewissenschaft der Katholisch-Theologischen Fakultät der Rheinischen-Friedrich-Wilhelms-Universität Bonn), Bonn 2015, 17 f.

lose Schieferfront leicht hervor, die lediglich durch die kleine Glocke als Kirche zu erkennen ist. Der Kirchenraum – ein nahezu quadratischer Kubus mit 19,6 Metern Länge, 18,8 Metern Breite und 17 Metern Höhe, der nur durch ein hofseitiges oben laufendes Fensterband erhellt wird – befindet sich im Obergeschoss. Man erreicht ihn, indem man unter ihm zwischen Betonpfeilern hindurch zu einem rückseitig angebauten Treppenhaus gelangt und hier auf halber Höhe wenden muss. Dem Besucher öffnet sich im ersten

Stock ein schlichter Raum aus rotbraunen Lochziegelwänden. Unter der flachen Decke hängt eine Stahlrohrkonstruktion. Auf der Straßenseite befindet sich eine einfache Empore für die Orgel. Mittelpunkt des Raumes ist der Altar auf einem einstufigen Holzpodest, ein großer Quader aus hellem Carrara-Marmor, der auf einer Marmorsäule ruht. Diese Säule führt durch den Fußboden hindurch nach unten in die ebenerdige kleine Kapelle und nimmt dort den Tabernakel auf, bevor sie in der Erde gründet. Aus dem gleichen Marmor sind die Apostelleuchter und Weihwasserbecken gefertigt. Obwohl die Kirche bereits

1960 geweiht wurde, hat sie durch die Anordnung der Bänke in U-Form um den Altar bereits die Liturgiereform des Zweiten Vatikanischen Konzils vorweggenommen.

Die Architekten *Emil Steffann* (1899–1968) und *Nikolaus Rosiny* (1926–2011) versuchten mit diesem Kirchenbau die Leitidee der Völkerwallfahrt zum Jerusalemer Tempelberg baulich umzusetzen (vgl. Jes 2,1–4; Ps 122): Gott wohnt auf dem Zionsberg unter den Menschen. Bewusst überschreitet der Kirchenbau das Binom „sakral – profan": Die Kirche steht nicht frei, sondern passt sich in die Front der weltlichen Nachbarhäuser ein, der Kirchenraum grenzt Wand an Wand an Küchen, Bäder, Wohnzimmer … Die Kirche verzichtet auf einen Kirchturm und ist nicht höher als die Nachbargebäude. Es werden einfache, alltägliche Materialien verwendet, wie sie im damaligen Bonner „Baustoff- und Handwerkerviertel" vertrieben wurden: Beton, Backstein, Stahl, Glas, Schiefer, Holz. Lediglich der Altar sticht mit seinem hellen Carrara-Marmor hervor. Das Stahlrohrgestänge an der Decke könnte als „offener Himmel" gedeutet werden. In der ebenerdigen Werktagskapelle setzt sich als Fußboden das Straßenpflaster fort. Die Tür ist mit Absicht nicht schalldicht, damit die Verkehrs- und Alltagsgeräusche, die Profanität des Lebens auch während der Liturgie hörbar sind. Das gesamte Gebäude hebt die strenge Grenze zwischen „der Welt draußen" und dem „heiligen Innenraum" auf.

Ein „heiliger Ort" wird zum „Lernort"

Umnutzungen, Profanierungen und Abrisse von Kirchen sind kein neues Phänomen in der Geschichte der Kirche.[5] Während der Handlungsdruck jedoch bislang überwiegend von außen aufgebaut wurde – etwa im Zuge der aufgezwungenen Säkularisation unter Napoleon oder im Kontext eines antikirchlichen Klimas im Dritten Reich und in der DDR – entsteht der Leidensdruck nunmehr im kirchlichen System selber.[6] Dabei berührt die Frage, wie mit tatsächlich oder vermeintlich „überflüssigem Kirchenraum" umgegangen werden soll, nicht nur kulturelle, historische, städtebauliche, denkmalpflegerische, demografische, liturgische, pastorale, psychologische und finanzielle Aspekte. Ihre theologische Zuspitzung erfährt

---

[5]   Vgl. *Martin Bredenbeck:* Die Zukunft von Sakralbauten im Rheinland (= Bild – Raum – Feier. Studien zu Kirche und Kunst, Bd. 10). Regensburg 2015, 75–77.

[6]   Vgl. *Achim Hubel/Franz Kohlschein:* Kirchen – Widmung, Nutzung, Umnutzung; in: Das Münster. Zeitschrift für christliche Kunst und Kunstwissenschaft 56 (2003), 161–163, hier 161.

die Frage in der Fokussierung, ob und in welcher Weise die Kirche Jesu Christi „in der Welt von heute" (*Pastoralkonstitution „Gaudium et spes"*) öffentlich präsent sein soll und inwieweit diese Präsenz kirchenkonstitutiv ist oder nicht.

Es ist dem damaligen Pfarrer von St. Marien, *Peter Adolf,* zu verdanken, diese theologische Zuspitzung in der Gemeinde mit Nachdruck vertreten zu haben. So fanden sich zehn Gemeindemitglieder, die am 11. Dezember 2004 den Verein „Kreuzung an Sankt Helena – Ein Dialograum für christlichen Kult und zeitgenössische Kultur e. V." gründeten. Unter den Gründungsmitgliedern waren ein Architekt, ein bildender Künstler sowie der damalige Inhaber des liturgiewissenschaftlichen Lehrstuhls der katholisch-theologischen Fakultät der Universität Bonn.

Nachdem die letzte Messe im Kirchenraum gefeiert und das Allerheiligste in einer Prozession in die Kapelle im Erdgeschoss übertragen worden war (hier finden weiterhin Eucharistiefeiern, Wortgottesdienste und Veranstaltungen der 2010 durch eine weitere Fusion entstandenen Pfarrei St. Petrus und ihres Geistlichen Zentrums statt), wurde der große Kirchenraum im Obergeschoss leergeräumt. Erhalten blieben der nicht profanierte Altar sowie die Apostelleuchter und Weihwasserbecken aus Carrara-Marmor, so dass der Kirchenraum weiterhin als ein solcher erkennbar bleibt.

Aus dem Verkauf der Orgel wurde der finanzielle Grundstock des Vereinskapitals aufgebaut, der – neben den Mitgliedsbeiträgen der Vereinsmitglieder, Spenden und Fördergeldern für einzelne Projekte – zur Risikoabsicherung des laufenden Programms im Dialograum dient. Die Pfarrei St. Petrus, die inzwischen Eigentümerin der Liegenschaft ist, stellt dem Verein den Kirchenraum unentgeltlich zur Verfügung und trägt die laufenden Gebäudekosten.

Dieses Engagement der Pfarrei ist Teil des sogenannten „Petrus-Weges", den die Pfarrei St. Petrus – inspiriert durch die Erfahrungen der Erzdiözese Poitiers – nach einer Vorlaufphase von sechs Jahren seit 2013 beschreitet.[7] Die dialogisch ausgerichtete Pastoral, die mehr und mehr von

---

[7] *Peter Adolf:* Ehrenamt im Konzept des Petrus-Wegs?; in: *Gabriele Denner* (Hg.): Hoffnungsträger, nicht Lückenbüßer. Ehrenamtliche in der Kirche, Ostfildern 2015, 109–135.

„Gemeinde-Equipen" an den Kirchorten der drei vormals selbstständigen Pfarreien geleitet wird, erfährt ihre inhaltliche Strukturierung durch „fünf Säulen": „Orte und Zeiten für Begegnung und Dialog" – „Begegnung mit der zeitgenössischen Kultur und Gesellschaft" – „Begegnung mit dem ‚Armen Christus'" – „Gemeinsame Wege erwachsenen Glaubens" – „Feier des Glaubens". In dieser pastoralen Ausrichtung ist der Dialograum explizit in der zweiten „Säule", der „Begegnung mit der zeitgenössischen Kultur und Gesellschaft", verortet.

Was passiert seit nunmehr nahezu 15 Jahren im Dialograum? Im Positionspapier zur Vereinsgründung im April 2004 heißt es dazu:

> „Wir erkannten in dieser Architektur eine … Synthese zwischen dem Geist der Moderne und dem christlichen Erbe, letzteres durch die Nutzung als Kirche, aber auch als ‚demütige' Weise ihrer Existenz in unserer Gesellschaft … kein Triumphalismus, sondern Inkarnation in das Leben der Menschen von heute … Der Raum ist ein geweihter Kirchenraum geblieben. Als deutliches und für jeden Besucher sofort sichtbares Zeichen dafür steht der immer noch geweihte Altar als symbolischer Bezugspunkt erkennbar im Mittelpunkt des Raumes. Damit muss sich jede dort stattfindende Veranstaltung auseinandersetzen, muss gewissermaßen damit zurechtkommen, in einem Kirchenraum zu sein, nicht in einem neutralen Ausstellungs- oder Veranstaltungsraum. Darauf verweisen auch die weiteren Teile aus weißem Marmor: Weihwasserbecken, Apostelleuchter und Grundstein. Sie stehen immer noch für die Suche nach dem Einen, dem Transzendenten, machen den Ort zu einem spirituellen Ort, der die Erinnerung an christlichen Kult wachhält. Aber dieser Raum schließt ‚das Profane' nicht aus, wertet es nicht ab, sondern bezieht es ein und stellt eine fruchtbare Spannung her."

Und auf der Homepage des Vereins (www.kreuzung-helena.de) wird die Programmatik des Dialograums folgendermaßen beschrieben:

> „Wir möchten immer wieder neue ‚Kreuzungen' entstehen lassen – und experimentelle Begegnungen schaffen. Wir wollen christlichen Kult und Glauben mit Wissenschaft, gesellschaftlicher Wirklichkeit und anderen Themenbereichen konfrontieren. Bei uns können sich Bildende und Darstellende Kunst, Musik und neue Medien präsentieren und entfalten als Ausdruck zeitgenössischer Kultur. Ein in dieser Weise fortwährender Dialog ist unser Ziel.
>
> Kunst und Religion stehen in wechselseitiger Beziehung. Beide brauchen ‚leere Räume', in denen sie ihre ureigene Energie entfalten können. Wir öffnen dafür den Raum. Hier können sich Menschen mit ihren Konflikten, ihrer Suche nach gelingendem Leben und mit ihrem Potenzial zur Selbsttranszendenz intensiv einbringen. So entstehen konstruktive Spannungen. Dies ist uns der wichtigste Aspekt für das Gelingen des Projekts. Er unterscheidet den Dialograum Kreuzung an Sankt Helena von anderen, ‚neutralen' Veranstaltungsräumen."

Diesem Anspruch suchen die Verantwortlichen des rein ehrenamtlich arbeitenden Vereins bis heute gerecht zu werden. Sie tun dies, weil der Kirchenraum selbst die Antwort auf die Frage seiner zukünftigen Nutzung gegeben hatte – jedenfalls begreifen die Vorstands- und Programmbeirats-mitglieder die Botschaft des Kirchenraumes so: Der „leere Raum" wird „gefüllt" mit dem, was mit ihm in Berührung kommt, was zu ihm findet. Er ist heterotop, er wird „Viel-Ort", denn er ist offen für vielfältige Projekte, in denen es um den Dialog von Perspektiven und Ausdrucksformen geht. Dabei kommt der einstmals „eindeutige Kirchenort" in Berührung mit dem, was landläufig in Kirche und Liturgie „nichts zu suchen hatte", weil es dort um „den Himmel" und nicht um „die Welt" ging. Jetzt lässt sich dieser Kirchenraum berühren, anrühren, infrage stellen, heimsuchen. Es finden Begegnung und Konfrontation statt. Wie in einem Laboratorium ent-stehen „Berührungspunkte" und „gemeinsame Grenzen". „Lebenswelten der Moderne" und „christliche Überlieferung" treffen aufeinander, werden kommunizierbar, irritieren und verstören einander. Dabei es geht weder um Kolonialisierung oder Missionierung noch um Vergemeinschaftung oder Verkirchlichung. Es geht um Ereignisse, Erleben, „Aussetzung". Das ist immer wieder ein Experiment – ergebnisoffen und überraschend. Denn im Dialograum entsteht (potentiell) Neues. Spannungen, Kontraste und Auseinandersetzungen, die im Dialograum anschaulich und vernehmbar werden, machen sprachlos und erhöhen den Handlungsdruck, so dass neue Sicht- und Denkweisen, Einsichten, Impulse, Antworten, Wege … entste-hen können. Es gilt das Prinzip der „Abduktion". So wird der Dialograum zum Lernort christlicher Präsenz. In der Gegenwart des Raumes und seiner jeweiligen „Füllung" suchen und entdecken wir „die Zeichen der Zeit": was bedrängt, was relevant ist, was uns angeht. Und wir lassen uns überra-schen, was passiert, wenn wir den Signaturen der Gegenwart und dem Evangelium nicht ausweichen.

Ein „heiliger Ort" ist in Bonn (und darüber hinaus) „angekommen"

Menschen aus dem ganzen Rheinland kommen zu den Veranstaltun-gen, wobei die Besucherzahlen zwischen einem Dutzend und mehreren Hundert schwanken. Interessanterweise ist das positive Feedback außer-halb der verfassten Kirche größer als innerhalb der Bonner Stadtkirchen. So wurde der Dialograum beispielsweise durch die Beauftragte der Bundes-regierung für Kultur und Medien als „Spielstätte des Jahres 2017" mit dem „Applaus" für unabhängige Spielstätten ausgezeichnet.

Innerhalb der Pfarrei St. Petrus ist die Arbeit des Dialograumes bekannt, freilich tauchen die „klassischen Gemeindemitglieder" eher selten im Dialograum auf. Während die Sozialstruktur des Territoriums – mit Ausnahme des Milieus der „Konservativen" – durch eine bunte Vielfalt der gesellschaftlichen Milieus gekennzeichnet ist und überdurchschnittlich viele Sozialhilfeempfänger, einen hohen Anteil von Bewohnern mit Migrationshintergrund sowie einen überproportionalen Anteil von Haushalten von Alleinerziehenden aufweist, finden sich in St. Petrus – trotz eines nicht unbeträchtlichen Anteils nicht zum Pfarrterritorium gehörender Gemeindemitglieder – doch eher die klassischen kirchengebundenen Milieus der „bürgerlichen Mitte", der „Etablierten" und der „Postmateriellen" wieder. Diese Klientel ist wesentlich von der nachkonziliaren „Gemeindetheologie" geprägt. Angesichts dieser Prägung erfährt der eingeschlagene „Petrus-Weg", der seine Impulse auch in den „Pastoralen Zukunftsweg" des Erzbistums Köln einbringt, nicht nur im Blick auf den Dialograum, dass es augenscheinlich einen langen Atem brauchen wird, bis aus den volkskirchlich geprägten Strukturen und Mentalitäten neue Formatierungen „evangelisatorischer Präsenz"[8] entstehen und Teil des gemeindlichen Selbstvollzugs werden.

Für den Programmbeirat bleibt es in diesem Kontext – gerade angesichts der in den letzten Jahren vermehrt eingehenden Kooperationsanfra-

---

[8] *Rainer Bucher:* Die pastorale Konstitution der Kirche. Was soll Kirche eigentlich?; in: *ders.* (Hg.): Die Provokation der Krise. Zwölf Fragen und Antworten zur Lage der Kirche, Würzburg 2004, 30–44, hier 40.

gen – eine spannende Herausforderung, die Programmatik des Dialograumes weiterzuentwickeln. Das Kriterium schlechthin ist dabei, ob und inwieweit die Kreuzung von Kultur und Kult wirklich einen Dialog auslöst. Als für jeden Besucher sichtbares Zeichen dafür steht der immer noch geweihte Altar als symbolischer Bezugspunkt im Mittelpunkt des Raumes. Mit ihm müssen sich jede dort stattfindende Veranstaltung und jedes Format auseinandersetzen. Sie kommen nicht umhin, sich der Herausforderung zu stellen, in einem Kirchenraum zu agieren, und nicht in einem neutralen Ausstellungs- oder Veranstaltungsraum. Raum und Ausstattung stehen – bei aller Leere – für die Suche nach dem Einen, dem Transzendenten, machen den Ort zu einem spirituellen Ort, der die Erinnerung an christlichen Kult wachhält. Insofern fordert der Raum zu einer je neuen Verhältnisbestimmung (= Relationierung) zwischen christlicher Religion und der dort dann ausgestellten oder aufgeführten Kunst oder der eingebrachten Wissenschaft heraus. Dabei geht es nicht um einen Gegensatz (= Adversität) oder gar um eine Hierarchisierung, sondern um ein „Einander-Befragen" und „Sich-Befragen-Lassen" durch das jeweils Andere nach den eigenen Wurzeln und einem Potential für eine humanere Gesellschaft. In diesem Modus ist der Dialograum ein „Zwischen", ein „Hybrid". Er hält die sakrale Matrix trotz der Umnutzung aufrecht[9] in der Kultur dieser Zeit. Die zeitgenössische Kultur in einem kirchlichen Raum rückt diese jedoch in eine andere Dimension und umgekehrt. Beide sind zum Perspektiven-

[9]   *Tino Grisi:* „Können wir noch Kirchen bauen?" Emil Steffann und sein Atelier. Deutsch/Italienisch (= Bild – Raum – Feier. Studien zu Kirche und Kunst, Bd. 15), Regensburg 2014, 254.

wechsel und zum Dialog herausgefordert. In der „Heterotopie" des „Anders-Ortes"[10] verweisen beide aufeinander. Sie brauchen einander, um immer mehr sich selber entsprechen zu können, und sie stehen gleichzeitig zueinander in Spannung und Balance.[11] Genau diese Spannung und Balance ist im Dialograum erwünscht, denn erst in dieser Spannung und Balance – so das Movens der Dialograumverantwortlichen – lässt sich die Bedeutung des Evangeliums erkennen und eine Sprache für das finden, was Kirche immer schon zu bezeugen und präsent werden zu lassen hatte, wenn sie das Leben der Menschen in den Aussagen des Glaubens verortet. Erst aus der Perspektive der anderen lassen sich Sinn und Bedeutung des Evangeliums entdecken.[12]

Fotonachweis:
© *Fotoarchiv Dialograum Kreuzung an Sankt Helena*

---

[10] *Seip,* Pastoraltheologie als Kritik dichotomischer Praktiken, 61.

[11] Vgl. *Hildegard Wustmans:* Von der Bedrängnis binärer Codierungen zu einer Pastoral der Balancen, LS 62 (2011), 17–23.

[12] *Hans-Joachim Sander:* Theologischer Kommentar zur Pastoralkonstitution über die Kirche in der Welt von heute Gaudium et Spes; in: *Peter Hünermann/Bernd Jochen Hilberath* (Hg.): Herders Theologischer Kommentar zum Zweiten Vatikanischen Konzil, Bd. 4, 581–869. Freiburg/Basel/Wien 2005, 581–869, hier 693

Jugend(kultur) im Kirchenraum

Tobias Fritsche[1]

Seit rund 20 Jahren sind in fast allen Regionen Deutschlands Jugendkirchen entstanden. Innerhalb der beiden Großkirchen darf die im Jahr 2000 eröffnete katholische Jugendkirche TABGHA in Oberhausen als eine der ersten Jugendkirchen gelten. Im Jahr 2017 sind im Jugendkirchenverzeichnis der Arbeitsgemeinschaft der Evangelischen Jugend (aej) für Deutschland, Schweiz und Österreich rund 315 Jugendkirchen gelistet, die in etwa zu je einem Drittel evangelischer, katholischer und freikirchlicher Trägerschaft zuzurechnen sind.

Dabei sind im Wesentlichen drei Grundformen zu unterscheiden:[2]
- Raumorientierte Jugendkirchen legen Wert auf den „Resonanzraum des Heiligen"[3], in dem sich jugendkulturell geprägte Handlungen vollziehen.
- Gemeindeorientierte Jugendkirchen haben insbesondere jugendgemäße Gottesdienste und die Förderung von Gemeinschaft im Fokus und werden daher oft als Jugendgemeinden bezeichnet.
- Bildet Evangelisation in einem bestimmten jugendsoziokulturellen Kontext oder einer „Jugendszene" den Ausgangspunkt für die Entstehung einer Jugendkirche, spricht man von Gemeindegründungen, *church planting* oder von *fresh x.*[4]

---

[1]   Tobias Fritsche wird im Januar 2019 Landesjugendpfarrer der Evangelisch-Lutherischen Kirche in Bayern. Von 2008 bis 2016 war er als Pfarrer maßgeblich am Aufbau und Entwicklung der Nürnberger Jugendkirche LUX beteiligt.
[2]   *Michael Freitag/Christian Scharnberg* (Hg.): Innovation Jugendkirche. Konzepte und Know how, Hannover/Kevelaer 2006, 62–68.
[3]   *Hans Hobelsberger:* Resonanzraum, nicht Kulisse. Jugendkirche – Raum als Konzept; in: das baugerüst. Zeitschrift für Jugend- und Bildungsarbeit 66 (2014) 1, 52–55.

ÖR 67 (4/2018), S. 509–513

In der Praxis verschwimmen die Konzepte von Jugendkirchen zu Mischformen. Insbesondere bei evangelischen Jugendkirchen werden die Aneignung des Kirchenraums, jugendkulturell geprägte Gottesdienste und beziehungsorientierte Gemeinschaftserfahrung bewusst konzeptionell verbunden.

Allen Jugendkirchenkonzepten gemein ist das missionarische Anliegen gelingender Kommunikation des Evangeliums an junge Menschen unter besonderer Berücksichtigung ihrer Lebenswelt und deren jugendkultureller Ausformungen. Damit richten sich Jugendkirchen zunächst an eine altersspezifische Zielgruppe und geben dieser den Raum, als handelnde Subjekte kirchliches Leben selbst zu gestalten. Die Besonderheit gegenüber kirchlicher Jugendarbeit besteht dann darin, dass den Jugendkirchen zeitlich und räumlich ein besonderer Platz neben der parochial organisierten Ortsgemeinde zugestanden wird.

Die meisten Umgestaltungen von Kirchenräumen der letzten Jahre waren von dem Bemühen geprägt, dass die Kirche auch als Jugendkirche klar als Kirche erkennbar bleibt. Die Verbindung aus traditioneller kirchlicher Bauweise und modernen Elementen ist dabei ein Bild dafür, wie Kirche zu verstehen ist: Eine junge Kirche ist nicht denkbar ohne eine Kirche mit gewachsenen Traditionen. Der Glaube der älteren Generation und der Glaube der jüngeren gehören zusammen. In der Architektur einer Jugendkirche spiegelt sich das Glaubensleben der Eltern- und Großelterngeneration genauso wider wie der Glaube junger Menschen. Entsprechend sind in den meisten Jugendkirchen die „Symbole des Heiligen" unübersehbar: Kanzel, Altar, Taufstein, Ambo und ein Kreuz geben dem gesamten Raum weiterhin sein Gepräge. Nicht selten bleibt auch die Orgel bestehen, die von den Jugendlichen zwar nicht als nutzbares Instrument, aber doch als Kennzeichen eines sakralen Raumes identifiziert wird.

Gleichzeitig wurde der Kirchenraum in den allermeisten Jugendkirchen um Licht-, Ton- und Medientechnik, alles Symbole für Jugendkultur, ergänzt. Die Fragen: „Was macht Kirche zur Kirche?" und: „Wann hört Kirche auf, Kirche zu sein?" stehen durch die Architektur im Raum. Bringen Jugendliche ihre Kultur, wie z.B. HipHop-Dance oder Theater, in den Kirchenraum mit, dann entsteht eine konstruktive Spannung zwischen Sakralraum und Jugendkultur, die zur Auseinandersetzung herausfordert.

Je nach Konzept einer Jugendkirche treten bei der Raumgestaltung unterschiedliche Schwerpunkte in den Vordergrund. Insgesamt lässt sich die

---

[4] *Michael Freitag, Ursula Hamachers-Zuba, Hans Hobelsberger:* Lebensraum Jugendkirche, Hannover 2012, 119–133.

Kirche als Gemeinschaftsraum

Kirche steht für Gemeinschaft. Doch wie sieht Gemeinschaft aus? Viele
Jugendliche verbinden mit Gemeinschaft ein lebendiges Miteinander, das
von gemeinsamer Aktion, ehrlichem Austausch und nicht zuletzt einer wert-
schätzenden Atmosphäre geprägt ist. Jugendkirchenräume müssen sich deshalb daran messen lassen, ob sie der Entwicklung von echter Gemeinschaft
dienen oder ihr eher im Weg stehen. Bei Schüler*innen-Umfragen im Vor-
feld der Konzeptionsentwicklung zur Jugendkirche Lux in Nürnberg gab es
z. B. den klaren Wunsch nach einer „warmen Kirche". Das mag manchen
alteingesessenen und kälteerprobten Kirchenbesuchern als Luxus erscheinen. Für viele Jugendliche ist dies aber die schlichte Voraussetzung für Gemeinschaft. Niemand würde sich gerne in einem kalten Wohnzimmer oder
einem unterkühlten Café mit Freunden treffen. Wenn alle in Straßenklei-
dung oder gar mit Schal und Wintermantel beieinandersitzen, wirkt das im
wahrsten Sinne des Wortes wie „zugeknöpft". Sich für Gemeinschaft zu öffnen, kann eben auch heißen, dass man sich so zeigt, wie man sich auch im
heimischen Wohnzimmer zeigen würde. Das schafft eine vertrauensvolle Atmosphäre.

Ein weiterer Wunsch war eine Kirche, in der man nicht durch statisch
verbaute Bänke daran gehindert wird, sich einander zuzuwenden. Gemeinschaft bedeutet eben auch, den anderen in die Augen zu sehen, einander
wahrzunehmen, sich zu zeigen. Der Blick auf den Hinterkopf des Vorder-
manns löst in der Regel wenig Gemeinschaftsgefühl aus. Deshalb sind flexi-
ble Sitzgelegenheiten zukunftsträchtig: Je nach „Ausrichtung" des Gottesdienstes können sich Menschen im Blick nach vorne auf das Kreuz
verbinden oder eben auch in einander zugewandten Stuhlkreissettings.

Wärme und Bestuhlung sind dabei nur zwei Beispiele. Auch Sprachver-
ständlichkeit, Kunst, Farbgestaltung, Licht u.v.m. entscheiden darüber, ob
ein Raum gemeinschaftsfördernd ist oder nicht.

Kulturraum

„Kirchen stehen für sakrale Kultur, die sich von Alltagskultur abheben
sollte." Das ist ein legitimer Wunsch, den vor allem Menschen haben, die
schon länger in der Kirche ein- und ausgehen. Niederschwelliger kann ein

Kirchenraum dann werden, wenn Menschen in diesem Raum Elemente ihrer Kultur wiederfinden. So ist es wenig überraschend, dass Jugendliche in den Umfragen einen Kirchenraum als Jugendkirche bevorzugen, in denen ihre sprachlichen, ästhetischen und musikalischen Vorstellungen von (Jugend-) Kultur zum Ausdruck kommen. Schon Martin Luther holte mit der Kirchenorgel ein Instrument vom mittelalterlichen Markt – und damit aus der Alltagskultur – in den Kirchenraum. Das Ziel war die kulturelle Anschlussfähigkeit des Evangeliums in den Ausdrucksformen des Volkes. Nicht in jeder Kirche muss es deshalb Popmusik mit Band und Gospelchor geben. Die Geschmäcker sind mehr denn je verschieden. Gerade deshalb brauchen Kirchenräume aber eine Flexibilität in ihrer Gestaltung. Statische Altarräume, in denen kein Platz für weitere Instrumente, Beteiligte oder z. B. Kunst ist, kommen deshalb in Jugendkirchen selten vor.

Beteiligungsraum

Derselbe Martin Luther legte neu Wert darauf, dass im Gottesdienst die ganze Gemeinde beteiligt sein könne. Er führte Wechselgesänge auf Deutsch ein, ließ Gebete gemeinsam sprechen und ließ die Gemeinde Kirchenlieder singen. Heute gehen die Beteiligungsmöglichkeiten am Gottesdienst für ehrenamtliche Mitarbeitende weit darüber hinaus. Nahezu in allen Bereichen des Gottesdienstes wie Gebet, Musik, Verkündigung u.v.m. können sich die Gemeinde bzw. einzelne Gemeindemitglieder aktiv beteiligen. Dabei geht es weniger darum, „Helfer" für den Pfarrer zu gewinnen oder den Gottesdienst einfach etwas vielfältiger werden zu lassen. Im Vordergrund steht die Erkenntnis, dass durch den Vollzug des Glaubens der Glauben selbst wachsen kann, d. h. als Beteiligter mache ich mir den Text, das Gebet, die Musik zu meinem eigenen Glaubensvollzug. Wenn dieser aktive „Glaubensakt" dann noch den spezifischen Fähigkeiten und dem Talent des Aktiven entsprechen, dann wird die Beteiligung als etwas zutiefst Sinnvolles und Schönes empfunden. Dann passiert das, was Paulus mit dem Bild des Leibes mit den vielen Gliedern beschrieben hat. Jedes Mitglied weiß um seine Gabe und Aufgabe. Jugendkirchenräume unterstützen diese gabenorientierte Beteiligung der jungen Gemeinde.

Freiraum

„Wo der Geist des Herrn weht – da ist Freiheit" (2 Kor 3,17). Dies gilt nicht nur für einen christlichen Lebensstil, sondern auch für Jugendkirchen. Hier soll ein innerlicher und äußerlicher Freiraum geschaffen werden, der Jugendlichen dabei hilft, ganz bei sich und Gott zu sein. Gleichzeitig heißt Freiraum auch, dass Freiheit erprobt werden darf. Ideen sollen „freigesetzt" werden. Für Jugendkirchen bedeutet das, dass der Kirchenraum in unterschiedlichster Weise „frei" gestaltet werden kann.[5] In der Jugendkirche LUX in Nürnberg helfen dabei z. B. große Vorhänge, die dem Kirchenraum immer wieder ein anderes Gesicht geben. Der Boden ist so konzipiert, dass sich Jugendliche „frei" bewegen können, sei es bei einem Spiel, beim Tanzen, bei einer Andacht oder bei einem Konzert. Unter dem Kreuz darf vieles geschehen. Manches kann ausprobiert werden ganz im Sinne des Pauluszitates: „Prüfet alles, und das Gute behaltet." In diesem Sinne engt der Raum einer Jugendkirche junge Menschen nicht ein, sondern hilft ihnen, ihre Füße auf weiten Raum zu stellen, in dem sie kreative Freiheitserfahrungen untereinander und mit Gott machen können.

Sind Jugendkirchen damit die Kirchenräume der Zukunft? Klar scheint zu sein, dass auch Kirchenräume in ihrer Gestaltung zukünftig der Wirklichkeit einer bunten Volkskirche noch mehr gerecht werden müssen – vor allem in urbanen Gebieten. Kirchen sind dabei immer schon Traditionsräume. Jugendkirchen können einen Impuls dazu geben, dass sich die Schätze der Tradition mit Gemeinschafts-, Kultur-, Beteiligungs-, und Freiheitserfahrungen noch konsequenter verbinden können. Dass dieser Prozess längst im Gange ist, kann man an vielen Kirchenumbauten beobachten.

---

[5] *Tobias Fritsche:* Zimmer des Glaubens. Wie wir nicht nur Jugendkirchen heute einrichten sollten; in: 3E Das Ideenmagazin für die Kirche 4/2016.

Außen Kirche – innen Moschee: Multireligiöse Gastfreundschaft als Chance im Umnutzungsprozess[1]

Henrike Rabe[2]

Die Stadt Hamburg bietet mit ihrer Pluralität der Religionen, Kulturen und Ethnien ein geeignetes Beobachtungsfeld, um Kirchenräume in heterogenen Kontexten zu untersuchen. Es ist zu konstatieren, dass sich in Hamburg eine Entwicklung hin zur Ausdifferenzierung der Religionen mit gleichzeitigem Rückgang der großen Kirchen feststellen lässt.[3] Besonders erlebbar werden die Entkirchlichung und der Rückgang der Kirchenmitglieder an dem Ort, der im höchsten Maße die öffentliche Präsenz der Kirche verkörpert, dem Kirchengebäude. Dieser Beitrag konzentriert sich darauf, den evangelischen Kirchenraum im Kontext einer nichtchristlichen Religion, in diesem Falle des Islams, abzubilden. Dieses Phänomen soll skizziert werden anhand der Transformation der ehemaligen Kapernaumkirche Hamburg-Horn zur Moschee der Al-Nour-Gemeinde. Zunächst sollen der Umnutzungsprozess und ihm inhärente Reaktionen beschrieben werden. Zweitens sollen die Reaktionen anhand des Topos Macht reflektiert und schließlich durch das Moment der Gastfreundschaft praktisch-theologisch eingeordnet werden.

---

[1] Die folgenden Ausführungen beruhen auf Vorarbeiten für meine Dissertation „Kirchliche Gebäude im Wandel. Eine gemeinde- und sozialraumorientierte Analyse der erweiterten und alternativen Nutzung", die ich im Winter 2017 begonnen habe.

[2] *Henrike Rabe* hat ihr 1. Theologisches Examen an der Universität Hamburg im Sommer 2017 abgelegt und schreibt ihre Dissertation zum in Anm. 1 genannten Thema.

[3] *Jörg Herrmann:* Von Hamburg nach Berlin. Anmerkungen zu einer kontextuellen Theologie der multireligiösen Stadt; in: epd-Dokumentationen 36, Frankfurt a.M. 2015, 36–43, 36.

Der Umnutzungsprozess und nachfolgende Reaktionen

Bei der Umnutzung der ehemals evangelisch-lutherischen Kapernaumkirche in Hamburg-Horn handelt es sich um ein für die Nordkirche singuläres Phänomen. Die Nachnutzung eines kirchlichen Bauwerks als Moschee ist jedoch lediglich aus Sicht der Nordkirche eine Premiere, da sowohl in Hamburg als auch in Berlin, Dortmund und Mönchengladbach christliche Minderheiten wie die Methodisten ihre Kirchen geschlossen haben, und diese von neuen Eigentümern in alevitische Cem-Häuser oder Moscheen transformiert wurden.[4] Nach der Soziologin Anna Körs kam diesen Geschehnissen nicht die gleiche Beachtung wie der Kapernaumkirche zu, da „kein symbolischer Aushandlungsprozess zwischen gesellschaftlicher Mehrheit und Minderheit" vorlag.[5] Der Umnutzungsprozess soll an dieser Stelle dargestellt werden.

Aufgrund des Mitgliederrückgangs entstand 2002 die fusionierte evangelisch-lutherische Kirchengemeinde Hamburg-Horn und im Zuge dessen wurde der Gebäudebestand verringert, wodurch die Kapernaumkirche im selben Jahr entwidmet wurde. Mit dem Verkauf an einen Privatinvestor im Jahr 2005 war ursprünglich die Nutzung des Kirchengebäudes als Kindertagesstätte verbunden, diese Erwartung wurde jedoch nicht erfüllt. Vielmehr verschlechterte sich der Zustand des Objektes zunehmend aufgrund des Leerstandes.[6] Im November 2012 wurde die entwidmete Kirche von der islamischen Al-Nour Gemeinde gekauft und im Januar 2014 begannen die Umbauarbeiten, die sich aufgrund des Denkmalschutzes größtenteils auf den Innenraum beschränkten.[7] Die Reaktionen auf diese Form der Nachnutzung eines Kirchengebäudes fielen divergent aus. Zum einen wurde hierin eine Chance für den interreligiösen Dialog gesehen und eine vermittelnde Haltung eingenommen, die Wolfram Weiße, Direktor der Akademie der Weltreligionen der Universität Hamburg oder die Islamwissenschaftlerin Katajun Amirpur vertreten.[8]

---

[4]   Vgl. *Anna Körs:* Kirchenumnutzungen aus soziologischer Perspektive; in: kunst und kirche 4 (2015), 55–62, hier 62. Vgl. *Herrmann,* Von Hamburg nach Berlin, 36.
[5]   *Körs,* Kirchenumnutzungen, 62.
[6]   Vgl. ebd., 56.
[7]   Vgl. *Michael Ackermann:* Eine Kirche wird Moschee, Hamburg 2016, 6.
[8]   Vgl. *Edgar S. Hasse:* Wenn Moscheen Kirchen ersetzen. Das erste christliche Gotteshaus der Stadt wird umgewandelt. Ein Dammbruch, ein Fanal? Oder ein ungewöhnlicher Ort zum gemeinsamen Gebet; in: Hamburger Abendblatt vom 07.02.2013; vgl. www.abendblatt.de/hamburg/article113435591/Wenn-Moscheen-Kirchen-ersetzen.html (aufgerufen am 14.08.2018).

Konträr zu dieser Haltung stehen Äußerungen verschiedener Kirchenvertreter, die wie beispielsweise der frühere Pastor am Michel, Helge Adolphsen, den Wandel einer Kirche in eine Moschee als „Dammbruch" oder im Falle des katholischen Weihbischofs Hans-Jochen Jaschke die Umnutzung als „nicht im Sinne eines guten interreligiösen Dialogs" proklamieren.[9] Sogar ein Abriss des Kirchengebäudes ist gemäß des ehemaligen Propstes Johann Hinrich Claussen gegenüber der Umnutzung in eine Moschee zu präferieren.[10] Interessant ist, dass der Tag der Unterzeichnung des Kaufvertrags zusammenfällt mit der Beurkundung des Staatsvertrags zwischen den islamischen Vereinigungen Hamburgs und dem Senat.[11] Hamburg ist bundesweit die erste Stadt, die solch einen Vertrag besitzt. Des Weiteren zeichnet sich Hamburgs religiöse Offenheit in dem „Religionsunterricht für Alle" aus. In der Hansestadt wird nicht nach Konfession differenziert, sondern das Fach Religion im Klassenverbund unterrichtet. Abschließend besitzt Hamburg mit der Akademie der Weltreligionen auch auf universitärer Ebene ein multireligiöses Konzept.[12] Die Mehrheit der Hamburger Institutionen scheint eine Offenheit gegenüber den Religionen zu praktizieren und bereit für religiöse Synergien zu sein. Hier stellt sich dem Rezipienten die dringende Frage: Wie kommt es zu diesen starken Reaktionen und Emotionen auf den Umnutzungsprozess seitens einiger Kirchenvertreter? Dies kann zum einen auf die 2007 veränderte Rechtslage zurückgehen, denn seitdem widerspricht diese Form der Nachnutzung dem Kirchenrecht. Die Wandlung einer Kirche in ein Gotteshaus einer nicht-christlichen Religion ist konträr zu der Ausrichtung der Nordkirche. Genauer ist es der Symbolwert des Kirchengebäudes, der durch eine erweiterte Nutzung oder Umnutzung nicht aufgelöst werden darf.[13] Aus theologischer Sicht kann die Umnutzung kritisch betrachtet werden, da der Islam Jesus Christus als den Gekreuzigten und Auferweckten negiert. Viel-

---

[9] Vgl. ebd.

[10] Vgl. *Edgar S. Hasse:* Kirche „Abriss manchmal besser als Moschee". Debatte über Kirchenverkauf geht weiter. Anwohner akzeptieren neue Nutzung; in Hamburger Abendblatt vom 09/10.02.2013; vgl. www.abendblatt.de/hamburg/article113501393/Kirche-Abriss-manchmal-besser-als-Moschee.html (aufgerufen am 14.08.2018).

[11] Vgl. *Peter Burghardt:* Gott bewahre; in: Süddeutsche Zeitung vom 01.07.2015; vgl. www.sueddeutsche.de/politik/hamburg-gott-bewahre-1.2546670?reduced=true (aufgerufen am 14.08.2018).

[12] Vgl. *Herrmann,* Von Hamburg nach Berlin, 37.

[13] Vgl. *Nordelbische Evangelisch-Lutherische Kirche:* Unsere Kirche – unsere Kirchen. Eine Handreichung zur Nutzung und Umnutzung von Kirchengebäuden, 2004, 30 f.

mehr gilt die These des Ersatzmann-Todes durch eine andere Person als Mehrheitsmeinung.[14] Zudem werden auch die Gottessohnschaft und die Trinität im Koran abgelehnt.[15]

Eine Neuakzentuierung des Machtbegriffs

Nach Jörg Herrmann handelt es sich hier jedoch weniger um einen theologischen Konflikt, als um die Frage der Macht, genauer um Hegemonie. Häufig wird der Terminus Macht mit dem Begriff der Hegemonie assoziiert.[16] An dieser Stelle soll die Vokabel der Macht neu gefüllt werden, um hierin nicht ein lähmendes, sondern ein progressives Moment erkennbar zu machen. Häufig wird Macht als ein Besitz betrachtet, den der Akteur innehat, der am meisten Beachtung oder Wirkung generieren kann.[17] Ein anderer Zugang zu dem Verständnis von Macht kann derjenige der Philosophin und politischen Theoretikerin Hannah Arendt sein. Sie „versteht Macht als die Fähigkeit, sich in zwangloser Kommunikation auf ein gemeinschaftliches Handeln zu einigen".[18] Durch das Zusammenkommen von Individuen wird das Entstehen von Macht erst denkbar. Einer Einzelperson ist es unmöglich, Macht zu evozieren. Vielmehr ist dieses nur im Plural gegeben. Wenn man diese These annimmt, ergibt sich logischerweise ein Zweites: Macht verschwindet, sobald die Subjekte auseinandergehen.[19] Die Formulierung *Machtpotenziale* veranschaulicht das bereits Angeklungene: Macht ist kein fester Zustand, sondern stets eine Option, ein Augenblick, der begrenzter Natur ist.[20] Dieses ist zudem ersichtlich,

---

[14] Vgl. *Hans Hermann Henrix:* Christus im Spiegel anderer Religionen, Berlin 2014, 109 f.
[15] Vgl. ebd., 103. Gleichzeitig ist hervorzuheben, dass Jesus als exponierter Prophet und Wundertäter im Koran illustriert wird und auch Maria eine besondere Position zugeordnet wird, da Sure 19 „Marjam" nach ihr benannt ist, was ein singuläres Phänomen im Koran darstellt. Denn keine andere Sure hat einen femininen Namen inne. Vgl. ebd., 103 f.
[16] Vgl. *Herrmann,* Von Hamburg nach Berlin, 37.
[17] Vgl. *Christoph Sigrist:* Kirchen Macht Raum – Beiträge zur kontroversen Debatte über Kirchenräume; in: *ders.* (Hg.): Kirchen Macht Raum. Beiträge zu einer kontroversen Debatte, Zürich 2010, 7–21, hier 7. Vgl. *Torsten Meireis:* Der Kirchenraum: Gestaltungsmacht und Gestaltungsformen; in: a. a. O., 89–102, hier 91.
[18] *Jürgen Habermas:* Hannah Arendts Begriff der Macht; in: *Adelbert Reif* (Hg.): Hannah Arendt. Materialien zu ihrem Werk, Wien 1979, 287–305, hier 287.
[19] Vgl. *Hannah Arendt:* Vita activa oder Vom tätigen Leben, München[15], 251 f.
[20] Vgl. ebd., 252.

wenn der Ursprung des deutschen Wortes „Macht" nicht automatisch dem Verb „machen" zugeordnet wird, sondern man ernst nimmt, dass es von „mögen" und „möglich" abstammt. Weiter ist Macht erst realisiert, wenn Wort und Tat einen Konnex bilden. Beide Aspekte bedingen sich gegenseitig und ihnen kann es gelingen, „neue Bezüge zu etablieren und zu festigen, und damit neue Realitäten zu schaffen".[21] Nach diesem Verständnis könnte sich Macht explizit nicht in dem Besitz eines Gebäudes manifestieren, sondern vielmehr in dem gemeinsamen Handeln der Gemeinde zu Hamburg-Horn und der Gemeinde Al-Nour. Denn im Zuge des Umnutzungsprozesses sind sie zusammengekommen, haben miteinander kommuniziert und gemeinsam Projekte für den Dialog der Religionen wie „Dialog auf der Baustelle" entwickelt und durchgeführt. Handeln und Reden sind eine Verbindung eingegangen und generierten Macht.[22] Diese Perspektive auf die Machtfrage, die in jeder Umnutzungshistorie als Metaebene mitläuft, kann Spannungen schwächen, die eine Auseinandersetzung mit Umnutzungen von Kirchengebäuden generiert.

Multireligiöse Gastfreundschaft als Entlastungsvorgang im urbanen Kontext

Als praktisch-theologische Reflexionsperspektive soll nun der Begriff der Gastfreundschaft auf den Themenkomplex angewendet werden. Angesichts der zunehmenden religiösen Pluralität in einer Metropole wie Hamburg, ließe sich das Konzept Jan Hendriks weiterdenken, der christliche Gemeinde primär als Herberge und unter der Maxime der Gastfreundschaft betrachtet.

Das zentrale Moment von Hendriks Gemeindebegriff ist die Gastfreundschaft. So wird Gemeinde als eine Versammlung von Gästen verstanden, die auf Gastfreundschaft ausgerichtet sind. In diesem Kontext sind die Rollen austauschbar und allen Beteiligten ist gemein, dass sie Gäste des Herbergen-Eigentümers Jesus Christus sind.[23] Den Begriff der Gastfreundschaft nutzt Herrmann auch, akzentuiert ihn jedoch anders. Er betrachtet

---

[21] Ebd.
[22] Vgl. *Ackermann,* Eine Kirche, 29–32.
[23] Vgl. *Jan Hendriks:* Gemeinde als Herberge. Kirche im 21. Jahrhundert – eine konkrete Utopie, Gütersloh 2001, 59–62.

es als eine angebrachte und „im Sinne einer gastfreundlichen Geste", kaum bis gering genutzte Kirchen Muslimen zu übergeben.[24] Eine mögliche Haltung zu der Nutzung einer ehemaligen Kirche als Moschee könnte es sein, eine multireligiöse Gastfreundschaft zu antizipieren, eine Gastfreundschaft, die so weit geht, die eigene Herberge neuen Gastgebern zu übertragen und selbst zu verzichten. Dieser Verzicht erscheint im Angesicht der Tatsache, dass bei der Übergabe an eine nicht-christliche Gemeinde der verbindende Gastgeber Jesus Christus nicht mehr in seiner Rolle als Hauptakteur anerkannt wird, als schmerzliche Herausforderung und Wagnis. Gleichzeitig kann der Abschied von einem Kirchengebäude auch die Weichen für etwas Neues stellen. Im Falle der Umnutzungsgeschichte der Kapernaumkirche dürfte dies in dem vermehrten Dialog der Religionen im Stadtteil anklingen.[25]

---

[24] *Herrmann*, Von Hamburg nach Berlin, 37.
[25] Vgl. *Ackermann,* Eine Kirche 5.

Ad fontes! Ein kostbares ökumenisches Netz in einer zerrissenen Welt

Bericht von der Tagung des Zentralausschusses des ÖRK, Juni 2018

Vom 15. bis 21. Juni 2018 tagte in Genf der Zentralausschuss des Ökumenischen Rates der Kirchen (ÖRK) unter dem Thema „Gemeinsam gehen, Gerechtigkeit und Frieden dienen". Es fanden Plenarsitzungen zu den Themen Einheit, ökumenische Diakonie, lebendige Gemeinschaft und dem Pilgerweg der Gerechtigkeit und des Friedens statt.[1] Der ÖRK wird mit dem Pilgerweg im Jahr 2019 einen regionalen Fokus auf Asien legen, sich thematisch verstärkt mit Rassismus auseinandersetzen und Besuche von ökumenischen Pilgerteams ermöglichen, um die Solidarität untereinander zu fördern.

Die Besonderheit dieser Tagung lag darin, dass grundsätzlich nach dem Sinn und Ziel der Arbeit des ÖRK gefragt wurde: Es waren Tage der kritischen Rückschau auf die Arbeit des Weltkirchenrates in der Vergangenheit und seinem Status quo. 70 Jahre nach der Gründung ist die gesellschaftspolitische Gegenwart geprägt durch Nationalismus, Populismus und Protektionismus; sie ruft nach internationaler Verständigung. Familientrennungen an der Grenze zu den USA und Menschenrechtsverletzungen auf dem Mittelmeer fordern eine internationale Solidarität der Kirchen. Diese kann durch das Netz ökumenischer Kontakte gestärkt werden. Wiederholt zeigte sich, dass der vor 70 Jahren gegründete Ökumenische Rat der Kirchen heute wichtiger denn je ist.

Auch die Vorsitzende des Zentralausschusses, Dr. Agnes Abuom, betonte die gegenwärtige Bedeutung des ÖRK: „Wir erleben weltweit polarisierende Entwicklungen, eine sich immer weiter öffnende Schere zwischen Arm und Reich, Klimaungerechtigkeit, Rassismus, Fremdenfeindlichkeit, Extremismus, Gewalt und Geschlechterungleichheit, um nur einige der beunruhigendsten Trends zu nennen. [...] Es ist deshalb die Aufgabe

---

[1] Der Zentralausschuss gab bei der Tagung in Genf mehrere öffentliche Erklärungen zu Themen ab, die die weltweite Gemeinschaft betreffen. Diese und weitere Informationen zum Zentralausschuss können hier nachgelesen werden: www.oikoumene.org/de/presscentre/news/wcc-shares-overview-of-june-central-committee-meeting (aufgerufen am 15.08.2018).

der Kirchen und der Zivilgesellschaft, gemeinsam demokratische Strukturen zu stärken, wie dies von den Gründungsmitgliedern des ÖRK im Jahre 1948 vorgesehen war."[2]

Auch der Generalsekretär, Dr. Olav Fykse Tveit, nahm das Jubiläum zum Anlass, um sich auf den Ursprung und das Fundament der ökumenischen Arbeit zu besinnen: „Ich bin von mehreren Journalistinnen und Journalisten gefragt worden, was Zweck und Ergebnis der Arbeit des ÖRK seien. [...] Ich antwortete: ‚Einheit, Gerechtigkeit und Frieden. Und wie diese drei in der Kirche und in der Welt insgesamt miteinander zusammenhängen.' Und wie hängen sie miteinander zusammen? Ich habe keine bessere Art gefunden, das zu beschreiben, was uns motiviert hat; keine bedeutsamere Perspektive als den ÖRK als einzigartiges Instrument für die ‚Ökumenische Bewegung der Liebe' zu bezeichnen." In seinem Rückblick verdeutlichte er eindrücklich den Zusammenhang der kirchlichen Einheit und der Weltverantwortung: „Von den frühen Initiativen lange vor 1948 bis heute ist immer klar gewesen, dass das Streben nach der Einheit der Kirche einem größeren Zweck diente: dem Zusammenleben als Schöpfung Gottes – als eine Menschheit. Die Liebe zwischen den Kirchen sollte dem Leben und Frieden in der Welt dienen. Nach 70 Jahren sind wir auf unserem Weg an einem Punkt angekommen, an dem wir uns nicht scheuen sollten zu sagen, dass wir viel darüber gelernt haben, wie Versöhnung geschehen kann, wie Einheit, Gerechtigkeit und Frieden etabliert werden können. Das muss ein Erbe sein, das wir untereinander und mit anderen, die es heute brauchen, teilen. Wir haben genug gelernt, um zu begreifen, dass wir nicht aufhören dürfen. Die Mission ist noch nicht erfüllt."[3] Die Einheit der Kirchen als Zeichen der Einheit der Menschheit – das möge zwar unrealistisch erscheinen, betonte Fykse Tveit. Gleichzeitig entspreche es dem biblischen Auftrag und sei eine notwendige Bewegung gegen den verbreiteten Egoismus und Nationalismus.[4] Die Präsenz von Christin-

---

[2] Die Ansprache der Vorsitzenden Agnes Abuom „Gemeinsam auf einem Weg im Dienste von Gerechtigkeit und Frieden" siehe: www.oikoumene.org/de/resources/documents/central-committee/geneva-2018/moderators-address-walking-and-serving-together-for-peace-and-justice?set_language=de (aufgerufen am 15.08.2018).

[3] Der Bericht des Generalsekretärs „Die Ökumenische Bewegung der Liebe" siehe: www.oikoumene.org/de/resources/documents/central-committee/geneva-2018/report-of-the-general-secretary-the-ecumenical-movement-of-love?set_language=de (aufgerufen am 15.08.2018).

[4] Vgl. Die Kirche. Auf dem Weg zu einer gemeinsamen Vision. Eine Studie der Kommission für Glauben und Kirchenverfassung des Ökumenischen Rates der Kirchen (ÖRK), Gütersloh 2014, 34: „Als eine von Gott gegründete Gemeinschaft gehört die Kirche Gott und exis-

nen und Christen aus Nord- und Südkorea während der Tagung und ihr Einsatz für Frieden auf der koreanischen Halbinsel zeigen, dass die jahrzehntelange ökumenische Arbeit – oftmals belächelt – Früchte trägt.[5]

Der Bezug zur Gründung des ÖRK zog sich durch alle Diskussionen – und wurde natürlich auch gefeiert. In der Kathedrale St. Pierre, inmitten der Genfer Altstadt, fand ein ökumenischer Gottesdienst statt. Die Predigt hielt der ökumenische Patriarch Bartholomäus. Den Höhepunkt der Feierlichkeiten bildete der Besuch von Papst Franziskus. In seiner Predigt in der Kapelle des Ökumenischen Zentrums betonte er, dass die ökumenische Bewegung „durch die Gnade des Heiligen Geistes" erweckt wurde und dem Willen Jesu entsprechend voranschreiten werde. Er sprach sich dafür aus, nicht bei den Trennungen stehenzubleiben, sondern sich für die Einheit der Kirchen und der Menschheit einzusetzen, denn: „Der Herr bitte uns um Einheit; die Welt, zerrissen von zu vielen Spaltungen, die vor allem die Schwächsten treffen, ruft nach Einheit."[6] Papst Franziskus bezeichnete sich als „Pilger auf der Suche nach Einheit und Frieden". Ein Pilger, der auf viele Pilgerinnen und Pilger im Zentralausschuss traf, die sich auf dem „Pilgerweg der Gerechtigkeit und des Friedens" befinden.

Eine große Station auf dem Pilgerweg wird die nächste Vollversammlung im September 2021 sein. Der Zentralausschuss nahm die Einladung der Evangelischen Kirche in Deutschland an und entschied sich für Karlsruhe als gastgebende Stadt. Aus dem globalen Süden klang in den Diskussionen über die 11. Vollversammlung immer wieder an, dass Deutschland die ökumenische Bewegung brauche. Das Netz ökumenischer Kontakte wird durch die Vollversammlung in Karlsruhe weiter geknüpft werden und kann den Kirchen in Deutschland zum Lebenselixier werden.

Elisabeth Krause-Vilmar

(Dr. des. Elisabeth Krause-Vilmar ist Pfarrerin in Bad Vilbel und Mitglied im ÖRK-Zentralausschuss.)

tiert nicht für sich selbst. Sie ist ihrem ganzen Wesen nach missionarisch, dazu berufen und gesandt, mit ihrem eigenen Leben Zeugnis abzulegen für jene Gemeinschaft, die Gott für die ganze Menschheit und für die gesamte Schöpfung in seinem Reich vorgesehen hat."

[5] Die Erklärung „Fortschritt in Richtung Frieden in Korea" siehe: www.oikoumene.org/de/press-centre/en/resources/documents/central-committee/geneva-2018/progress-for-peace-on-the-korean-peninsula (aufgerufen am 15.08.2018).

[6] Die Predigt von Papst Franziskus im Ökumenischen Gebet im Ökumenischen Zentrum in Genf siehe: www.oikoumene.org/de/resources/documents/other-meetings/papal-visit/homily-of-the-pope-francis-during-the-ecumenical-prayer-at-the-wcc?set_language=de (aufgerufen am 15.08.2018); Abdruck auch in diesem Heft S. 549 ff.

„Kommt und seht": Eine theologische Einladung zum Pilgerweg der Gerechtigkeit und des Friedens

Kommission für Glauben und Kirchenverfassung
21. Juni 2017

I. Einleitung

1. „Selig die Menschen, die Kraft finden in dir, die Pilgerwege im Herzen haben" (Psalm 84,6).[1] Die Zehnte Vollversammlung des Ökumenischen Rates der Kirchen wählte das Thema „Pilgerweg der Gerechtigkeit und des Friedens" als Leitmotiv für die Bemühungen des Rates, eine größere Einheit unter Christen und Christinnen zu fördern und im Kontext der heutigen religiös pluralen Welt sich den Herausforderungen zu stellen, denen sich die Menschheitsfamilie in unserer Zeit gegenübersieht. Als der Zentralausschuss 2014 das Thema „Pilgerweg" aufgriff, merkte er an, dass damit zugleich ein Übergang stattfinde von der Botschaft und Sprache der Ersten Vollversammlung im Jahr 1948, „Wir haben den festen Willen, beieinander zu bleiben" zu „Wir wollen den Weg gemeinsam fortsetzen".[2]

2. Dieses Dokument lädt die Kirchen ein zu erkunden, wie dieser „Pilgerweg" ihnen helfen kann, ihr Engagement für die Einheit zu ver-

---

[1] Zitat aus der Einheitsübersetzung 2016. Alle anderen Zitate sind aus der Lutherbibel 2017.

[2] „Eine Einladung zum Pilgerweg der Gerechtigkeit und des Friedens" (Revised, Doc. GEN 05 Rev, July 2014. www.oikoumene.org/de/resources/documents/central-committee/geneva-2014/an-invitation-to-the-pilgrimage-of-justice-and-peace?set_language=de), aufgerufen am 28.06.2018). Siehe auch *Olav Fykse Tveit:* Der Pilgerweg der Gerechtigkeit und des Friedens; in: Ökumenische Rundschau 64 (2015), 123–134, hier 128: „Wir müssen Entscheidungen über unsere Programme und den Hintergrund unseres Verständnisses dieser Berufung zur gemeinsamen Fortsetzung des Weges treffen und sie als einen Pilgerweg der Gerechtigkeit und des Friedens planen und organisieren. Alle Projekte müssen dazu beitragen. Alle Projekte müssen diesem Zweck dienen. ... Die Idee des Pilgerweges steht nicht neben oder jenseits von dem, was wir tun sollen, sie ist auch nicht einfach ein rhetorisches Mittel, um Programme mit einer Überschrift zu versehen. Sie ist Ausdruck der Sprache des Glaubens und der Hoffnung in der komplexen Wirklichkeit von heute und morgen." Siehe auch *Matthews George Chunakara* (ed.): Building Peace on Earth. Report of the International Ecumenical Peace Convocation, WCC Publications, Geneva 2013, 196 f und 206.

tiefen und in ihrem Handeln zum Ausdruck zu bringen. Pilgerfahrten sind verwandelnde Reisen, deren Ziel letztlich das Reich Gottes ist. Indem sie ihren Weg gemeinsam fortsetzen und sich den Herausforderungen der Reise stellen, können sich den Pilgernden unerwartete neue Erfahrungen des Heiligen eröffnen und Herz und Geist erneuert werden. Auf welche Weise beeinflusst diese Ausrichtung auf das gemeinsame Gehen und Handeln die Kirchen in ihrer Suche nach der „vollen sichtbaren Einheit"? Bewegt ein solches Handeln die Kirchen dazu, eifriger nach Wegen zu suchen, wie sie ihre ekklesiologischen Differenzen beilegen können? Erlaubt es den Kirchen, Glauben und Amt gegenseitig voller anzuerkennen? Günstigenfalls eröffnet der Pilgerweg auch neue Wege des Verstehens und des gemeinsamen Lebens im Streben nach Einheit, Gerechtigkeit und Frieden unter den Kirchen und natürlich auch unter der ganzen Menschheit. Eine Theologie des Pilgerweges fordert die Kirchen heraus, über diese Fragen nachzudenken und zu überlegen, wie die Kirchen ihre Reise von der zerbrochenen Gemeinschaft hin zur vollen, sichtbaren Einheit weiter fortsetzen können.[3]

3. Die klassischen Erklärungen zur Einheit der Kirche, die von verschiedenen Vollversammlungen des ÖRK verabschiedet worden sind, bilden die Grundlage für eine Theologie des Pilgerweges. Während die Mitgliedskirchen des ÖRK dem Zeugnis für Christus und der Förderung von Gerechtigkeit und Frieden bereits zutiefst verpflichtet sind, eröffnet der Pilgerweg ihnen eine Möglichkeit, in gemeinsamer Arbeit und im Miteinandersein den Weg gemeinsam fortzusetzen. Er hat seinen Ursprung in ihrem gemeinsamen Glauben an den dreieinigen Gott, an Jesus Christus als Gott und Erlöser, und dem Gehorsam gegenüber der Schrift, wie es in der Basis-

---

[3]   Die Einladung an die Kirchen, das Streben nach Einheit gleichzeitig mit dem Streben nach Gerechtigkeit und Frieden zu verbinden, ist nicht neu. Das Dokument „Teure Einheit" von Glauben und Kirchenfassung aus dem Jahr 1997 begann mit der Feststellung: „Solange die ökumenische Bewegung nicht in der Lage ist, eine lebendige Interaktion zwischen dem konziliaren Prozess für Gerechtigkeit, Frieden und Bewahrung der Schöpfung (JPIC) und der Diskussion über die Einheit zu entwickeln, wird ihr dies schaden." (*Thomas F. Best and Martin Robra* (eds.): Ecclesiology and Ethics. Ecumenical Ethical Engagement, Moral Formation and the Nature of the Church, WCC Publication, Geneva 1997, 2); (www.oikoumene.org/de/resources/documents/commissions/faith-and-order/vi-church-and-world/ecclesiology-and-ethics/costly-unity [aufgerufen am 17.02.2018]).

erklärung des ÖRK[4] zum Ausdruck kommt. Kirchen könnten auf dem gemeinsamen Pilgerweg ihr Bewusstsein und Zeugnis für die Einheit stärken, die sie bereits in Christus miteinander teilen.

4. Die Fünfte Weltkonferenz von Glauben und Kirchenverfassung, die in der historischen Pilgerstadt Santiago de Compostela im Jahr 1993 stattfand, bot Gelegenheit, daran zu erinnern, dass die ökumenische Bewegung selbst oft als ein Pilgerweg der Kirchen auf einer gemeinsamen Reise zur sichtbaren Einheit angesehen worden ist. Viele gläubige Pilger und Pilgerinnen, die die Reise nach Compostela und an andere heilige Orte über die Jahrhunderte hin unternommen haben in der Suche nach Gott und im Sehnen nach größerer Ganzheit, haben festgestellt, wie ihr Leben durch diese Erfahrung verändert wurde. Mit der Bitte an die Kirchen, sich auf einen Pilgerweg der Gerechtigkeit und des Friedens zu begeben, lädt der Ökumenische Rat der Kirchen alle Kirchen ein, Gemeinschaften zu sein, in denen Gerechtigkeit und Frieden gedeihen, sodass sie glaubwürdige prophetische Zeuginnen in der Welt für Christus, den Friedensfürsten, sein können.

5. In diesem Text werden wir Perspektiven auf das Leitmotiv „Pilgerweg" aus der christlichen Tradition aufzeigen und aus zwei wichtigen, die Kirchen auf unserer Reise durch die Welt betreffenden Themenbereichen: der Entwicklung einer gerechten und nachhaltigen Welt und des Strebens nach Frieden in interreligiösen Beziehungen. Eine theologische Beschreibung des Pilgerweges kann uns helfen, die Verbindungen zwischen der Heilung der christlichen Spaltungen und der Heilung der Schöpfung und der menschlichen Beziehungen in der Welt zu erkennen.

II. Pilgerschaft: Perspektiven aus der Bibel und den christlichen Traditionen

A. Perspektiven aus der Bibel

6. Reise und Pilgerschaft gehören zum Zentrum der Schrift. Pilgern bedeutet Antwort auf Gottes Ruf und seine Verheißungen durch das Reisen zu einem heiligen Ort. Im Allgemeinen ist es eine

---

[4] Zur Basiserklärung des ÖRK siehe www.oikoumene.org/de/about-us/self-understanding-vision/basis?set_language=de (aufgerufen am 28.06.2018).

schwierige Reise zu einem unbekannten Ziel, die getragen wird von der Hoffnung auf Erneuerung und Befreiung. Abraham und Sara wurden aufgefordert, ihre Heimstätte und ihre Verwandten zu verlassen und Gott zu folgen zu einem Land, das Gott ihnen zeigen würde (Gen 12,1–9). Von grundlegender Bedeutung für die Identität des Volkes Gottes war ihre Befreiung aus der Sklaverei in Ägypten durch den Herrn, der mit ihnen auf dem Berg Sinai einen Bund schloss und sie auf ihrer Reise durch die Wüste zum Gelobten Land begleitete. Sie sollten diese Befreiung jedes Jahr mit drei Festen feiern: dem Fest der ungesäuerten Brote oder Passah, dem Wochenfest oder Pfingsten, und dem Laubhüttenfest (Exodus 23,14–17).

7. Viele der Psalmen waren die Lieder des Pilgerweges. Nachdem der Tempel in Jerusalem erbaut worden war, mussten diese Feste dort gefeiert werden und das bedeutete für viele eine lange Reise. Die Pilgerwege waren oft mühsam und gefährlich, gekennzeichnet von der Unsicherheit weit weg von zu Hause. Wenn sie sich der heiligen Stadt näherten, sangen sie: „Wie lieblich sind deine Wohnungen, Herr Zebaoth! Meine Seele verlangt und sehnt sich nach den Vorhöfen des Herrn; mein Leib und Seele freuen sich in dem lebendigen Gott" (Ps 84,2–3). Die Psalmen 120–134 sind die frohen Lieder des Aufstiegs, die die Menschen beteten, wenn ihre Reise den Berg Zion hinauf ging. Wenn die Menschen sich zu den Festen versammelten, bekundeten sie die Hoffnung und Freude über Wiederherstellung und Erneuerung. Zerbrochene Gemeinschaft würde Heilung finden; im dürren Land würden Quellen fließen und selbst Schwalben würden Nester finden zum Schutze ihrer Jungen (Ps 84.4.7).

8. Die Propheten sprachen das Volk Gottes als Fremdlinge und Vertriebene an und erinnerten die Menschen an Gottes Ruf, Befreiung und Bund. Einige Propheten beschrieben das messianische Zeitalter als das Herbeiströmen aller Völker nach Jerusalem: „Kommt, lasst uns hinaufgehen zum Berg des Herrn, zum Hause des Gottes Jakobs" (Jesaja 2,3; siehe Jes 2,1–5; Mi 4,1–3). Aber sie kritisierten die Menschen auch für ihre nur äußere Einhaltung der Rituale und des Gesetzes, während sie weiterhin ihre Mitmenschen schlecht behandelten.

9. Die Reise ist eine bedeutsame Metapher für die Interpretation der Erzählungen der Evangelien. Jedes Evangelium stellt Jesus in Be-

wegung dar: als einen Wanderlehrer, dessen Dienst seinen Höhepunkt in Jerusalem erreicht: „da wandte er das Angesicht, entschlossen, nach Jerusalem zu wandern" (Lk 9,51). Diese Reisen geschehen jedoch auf eine Weise, die die Ordnung der Welt stört und durchbricht. Die Reisen Jesu werden fortwährend unterbrochen von Kranken und Leidenden, die ihn um Heilung bitten. In der Mitte des Markusevangeliums beginnt Jesus, seine Jünger zu warnen, dass er in Jerusalem leiden, sterben und auferstehen werde (Mk 8, 31–33; vgl. Mt 16,21; Lk 9,21–27). Mit Jesus zu reisen, heißt, sein Kreuz auf sich zu nehmen, so wie er sagt (Mk 8,34–35).

10. Diese teure Reise beinhaltet eine verwirrende und unsichere Zukunft. Im Evangelium des Johannes reist Jesus mehrfach nach Jerusalem und heilt jedes Mal, tut Zeichen und Wunder, die das Interesse an seinem Dienst erhöhen. In allen vier Evangelien zieht er schließlich in einer Prozession in Jerusalem ein, die zugleich königlich und demütig ist. Als Jesus den Tempel erreicht, fertigt er eine Geißel und treibt diejenigen hinaus, die dort Geschäfte tätigen und beschuldigt sie, „eine Räuberhöhle" aus dem heiligen Ort zu machen (Mt 21,12–13; Mk 11,15–17; Lk 19,45–46; Joh 2,18). Der Höhepunkt der Reise Jesu ist ein zugleich traumatisches und grundlegendes Ereignis: Scheinprozess, grausame Kreuzigung und Auferstehung. Wie die prophetischen Bücher, verleihen auch die Evangelien dem Begriff des „Pilgerweges" eine komplexere und tiefere Bedeutung; sie weisen darauf hin, dass die Beweggründe der Reise und die Art und Weise, wie sie ausgeführt wird, es sind, die zählen, ebenso wie die notwendige Offenheit für den Schmerz und die Freiheit, denen man begegnet in einem wirklichen Bemühen „Gott im Geist und in der Wahrheit" anzubeten.

11. Auch das übrige Neue Testament ist durchdrungen von einem Bild des christlichen Lebens, das selbst ein Weg der Umkehr und der fortwährenden Verwandlung ist. Jesus bezeichnete sich selbst seinen Jüngern gegenüber als „der Weg und die Wahrheit und das Leben" (Joh 14,6); die Apostelgeschichte nennt das Christentum einfach den „Weg" (Apg 9,2; 19,9, 23; 22,4; 24,14.22). Der Brief an die Hebräer stellt fest: „Denn wir haben hier keine bleibende Stadt" (13,14). Statt zum irdischen Jerusalem sind die Christen und Christinnen jetzt „gekommen zu dem Berg Zion und zu der Stadt des lebendigen Gottes, dem himmlischen Jerusalem" (12,22). Der Hebräerbrief bezieht sich auf die Vorfahren im Glau-

ben als „Gäste und Fremdlinge auf Erden" (11,13), so wie auch
der erste Brief des Petrus Christen und Christinnen bezeichnet
(1,1; 2,11).

B.   Perspektiven aus den christlichen Traditionen

12. Bereits früh waren in christlichen Gemeinden Reisen zu entfernten Orten, wo bedeutsame Ereignisse stattfanden oder bedeutende
Glaubenszeugen, wie Apostel, Märtyrer oder Heilige, lebten, eine
angesehene Praxis, die sich bis zum vierten Jahrhundert fest eta-
blierte. Der Bericht von Egeria z. B. schildert ihre Pilgerreise nach
Ägypten und Palästina im späten vierten Jahrhundert.[5] Er ist ein
besonders wertvolles Zeugnis dafür, wie weit sich unter Christinnen und Christen dieser Zeit bereits die Praxis des Pilgerns entwickelt hatte.

13. Neben den tatsächlichen Pilgerreisen entstanden in den Kirchen
auch Berichte, in denen das Pilgern als spirituelle Metapher gesehen wurde. Frühe Autoren dachten über die spirituelle Pilgerreise
des christlichen Lebens nach. Zum Beispiel beschreibt der Brief an
Diognet Christen und Christinnen als „ansässige Fremde"[6], als
Fremdlinge, die ein ganz und gar irdisches Leben führen, deren
Staatsangehörigkeit aber eine ganz andere ist – eine himmlische.
Gregor von Nyssas *Das Leben des Mose*[7] ist ein spiritueller Bericht von Moses Aufstieg auf den Berg Sinai als einer Reise des

---

[5]   *Ancient Christian Writers:* Egeria: Diary of a Pilgrimage, trans. *George E. Gingras,* The
Works of the Fathers in Translation, 38. (Newman Press, New York 1970). Lateinisches
Original: Corpus Scriptorum Ecclesiasticorum Latinorum XXIX, 35'101, 1898). Anm.
d. Ü.: Deutsche Ausgabe (*Aetheria/Egeria: Reise ins Heilige Land:* Lateinisch-Deutsch,
hg. und übers. von *Kai Brodersen* (De Gruyter, Berlin/Boston 2016).

[6]   Griechischer Text mit englischer Übersetzung: *Clayton N. Jefford* (ed.): The Epistle to
Diognetus (with Fragment of Quadratus), V, 9, introd., text, and commentary, Oxford
2013, 145.

[7]   Griechischer Text: Patrologia Graeca 44, 297–430; Griechischer Text mit französischer
Übersetzung: *Jean Daniélou* (ed.): Grégoire de Nysse: la vie de Moïse ou traitéde la per-
fection en matière de vertu, Sources Chrétiennes 1, Paris, second edition, 1955; Engli-
sche Übersetzung: *Gregory of Nyssa:* The Life of Moses, trd., introd. and notes by
Abraham J. Malherbe and *Everett Ferguson,* preface by *John Meyendorff* (Paulist
Press, Mahwah, New Jersey 1978).

Glaubens. Er gebraucht das Bild des Aufstiegs zum Berge Gottes, um dort dem Herrn zu begegnen und die Offenbarung des Herrn zu erhalten, und dann zurück in die Welt abzusteigen in Begleitung der göttlichen Erleuchtung. Gregor beschreibt das ganze christliche Leben als eine fortwährende Pilgerreise ohne Ende, in der die Vergöttlichung (*theosis*) des Glaubenden eine endlose dynamische Reise in die Unendlichkeit des göttlichen Lebens (*epektasis*) darstellt.

14. Manche frühen Christen suchten Befreiung von den Versuchungen und Zerstreuungen eines neuerdings privilegierten Christentums, indem sie in die Wüste gingen, wo sie weiterhin ein asketisches Leben führen und für die Welt beten konnten. Einige Wüstenväter kehrten auch zurück in die Städte, aus denen sie gekommen waren, als die Kirche sich ernsten Gefahren der Spaltung gegenübersah.[8] Für einige Mönche, die Wüstenmütter[9] eingeschlossen, war

[8] *Athanasius von Alexandrien* berichtet in seiner Schrift „Das Leben des heiligen Antonius", Kap.69, dass dieser als Einsiedler lebte, aber als „einmal die Arianer die Lüge ausstreuten, er denke ebenso wie sie, ... kam (er) herunter von dem Berge, ging nach Alexandria und verdammte die Arianer". S. *Athanasius,* Ausgewählte Schriften Band 2. Aus dem Griechischen übersetzt von Anton Stegmann und Hans Mertel (Bibliothek der Kirchenväter, 1. Reihe, Band 31), München 1917. Siehe www.unifr.ch/bkv/kapitel44-69.htm (aufgerufen am 25.08.2018), s. *Philip Schaff* (ed.): Life of Anthony (Vita Antoni) in Athanasius: Select Works and Letters, Nicene and Post-Nicene Fathers, vol. IV, N.Y., 1892, 444; griechisches Original Vita Antoni unter Patrologia Graeca 26, 835–976; lateinische Ausgabe unter Patrologia Latina 73, 125–170).
Theodoret von Cyrus stellt in seiner *Historia Religiosa* (Griechisches Original mit französischer Übersetzung: *Pierre Canivet, Théodoret de Cyr,-Alice Leroy-Mollinger* [eds.]: Histoire des moines de Syrie, Sources Chrétiennes 234 and 257, Paris 1977–1979; englische Übersetzung: *Theodoret of Cyrrhus,* A History of the Monks of Syria, trad. with an introd. and notes by R. M. Price, Cistercian Studies Series 88, Collegeville, MN 1985), deutsche Übersetzung: Mönchsgeschichte, Bibliothek der Kirchenväter (www.unifr.ch/bkv/kapitel46.htm, aufgerufen am 25.08.2018) einige Eremiten dar, die die Wüste verließen, um die Orthodoxie in bewohnten Gegenden zu verteidigen. Julianus (Sabbas), zum Beispiel, zog nach Antiochia, um die orthodoxe Gemeinschaft gegen die Halbarianer zu unterstützen: „Denn die Führer der arianischen Gotteslästerung rühmen sich, dich zum Gesinnungsgenossen ihrer Gottlosigkeit zu haben. Da dies der Greis hörte, sagte er für eine Zeit der Ruhe Lebewohl und eilte, den ungewohnten Lärm der Stadt nicht scheuend, sogleich nach Antiochien." Aphraates war ursprünglich Perser und ging, obwohl er sehr wenig Griechisch sprach, nach Antiochia, „das ernsthaft durch den Sturm der Häresie aufgewirbelt wurde", d.h. durch den Arianismus. Als Kaiser Valens (364–378) Antiochia besuchte und Aphraates begegnete, fragte er ihn: „Warum verlässt du die Ruhe und wandelst so frei auf dem Marktplatz, der du doch das einsame Leben ergriffen hast?" Das Wesentliche seiner langen Antwort war: „Es (liegt) unserer Aufgabe nicht fern und widerspricht nicht unserem ursprünglichen Entschlusse."

ihre asketische Pilgerfahrt eine spirituelle: Sie blieben an einem Ort, während sie tiefer in die göttlichen Mysterien reisten. Andere reisten ständig von Ort zu Ort, um Verbundenheit mit der materiellen Welt zu vermeiden. In der Zeit des Mittelalters gewann das Pilgern an Bedeutung und Beliebtheit, und verschiedene heilige Stätten wurden berühmte spirituelle Reiseziele. Margery Kempe (1374 bis nach 1438), eine englische Laiin des 14. Jahrhunderts, unternahm ausgedehnte Pilgerreisen, die ebenso ihr inneres mystisches Leben bereicherten.[10]

15. Die Praxis des Pilgerns hat sich im Laufe der Jahrhunderte für Christen und Christinnen als spirituell aufbauend erwiesen, sie ist jedoch auch manchmal auf üble Weise korrumpiert worden durch Konsumverhalten, Gewinnsucht, Ungerechtigkeit und sogar Gewalt. In der Geschichte bis in die Gegenwart hinein konnte das Pilgern zu entfernten Orten eine elitäre Praxis sein, zugänglich nur denjenigen, die die finanziellen und materiellen Möglichkeiten dazu hatten. Gregor von Nyssa erkannte, dass beim Pilgern die spirituelle Dimension Vorrang vor der körperlichen hat, ohne die reiche spirituelle Erfahrung zu leugnen, die viele Christen und Christinnen im Verlauf einer tatsächlichen körperlichen Reise zu heiligen Stätten machen.[11] Im 16. Jahrhundert verurteilten Martin

---

[9] *Theodoret von Cyrus* stellt in seiner Mönchsgeschichte 28 Asketen und drei Asketinnen vor: Marana, Kyra und Domnina. Marana and Kyra lebten in einer Einsiedelei mit nur einem Fenster, um den Kontakt mit Besuchern halten zu können. Jedoch „es ist Marana allein, die mit den Besuchern spricht; niemand hat jemals die andere sprechen gehört" (XXIX, 3, S. 184). Sie lebten 42 Jahre in dieser Weise (*A History of the Monks ...*, Eng. ed. XXIX, 6, S. 184), aber sie besuchten auch Jerusalem als Pilgerinnen (XXIX, 7, S. 184), sowie einen anderen berühmten Wallfahrtsort „den Schrein des triumphierenden Thecla in Isauria" (XXIX, 7, S. 185). Domnina lebte in „einer kleinen Hütte", die sie auf dem Besitz ihrer Familie gebaut hatte. Sie besuchte regelmäßig die örtliche Kirche, wo sie „dem Meister des Universums eine Hymne anbot, zusammen mit dem Rest, sowohl Männern als auch Frauen" (Ed. eng. XXX,1, S. 186). Sie wurde von vielen Leuten besucht und trug dafür Sorge, dass sie alles erhielten, was sie benötigten und spendete auf diese Weise das Vermögen ihrer Familie (Ed. eng. XXX,1, S. 186).

[10] Ihre mystischen und Pilgererfahrungen sind veröffentlicht in *The Book of Margery Kempe,* das sie zwischen 1431/1432 und 1436 zwei Schreibern diktierte. Es wurde 1936 herausgegeben und veröffentlicht von *W. Buttler-Bowden;* die zweite Auflage erschien 1994.

[11] Siehe zum Beispiel *Paul Brazinski:* Early Christian 'Anti-Pilgrimage' Literature: the Case of Gregory of Nyssa's Letter 2; in: Hortulus: Online Graduate Journal of Medieval Studies, 12, no. 1 (Autumn 2015), aufgerufen am 19. Mai 2018 unter https://hortulus-journal.com/journal/volume-12-number-1-2015/brazinski/.

Luther und Johannes Calvin die Deformation des Pilgerns in ihrem jeweiligen Umfeld; sie protestierten gegen die Missbräuche, deren Zeugen sie waren, und gegen die Auffassung, dass man sich durch Pilgerfahrten Erlösung erwerben könne.[12] Sie wandten sich gegen die Auffassung, dass bestimmte Praktiken, wie das Pilgern, höhere Ausdrucksformen des christlichen Lebens seien. Trotzdem fand das Pilgern als Metapher immer noch eine starke Resonanz bei den Reformatoren und ihren Nachfolgern; sich auf Augustinus stützend, lehrte Calvin, dass Christen „in der Welt als Fremdlinge wandern müssen" in ihrem Streben nach dem himmlischen Erbe (*Unterricht in der christlichen Religion* [Institutio Christianae religionis] 3.7.3; vgl. 3.9.4–5; 3.10.1; vgl. Augus-tinus, *Vom Gottesstaat,* 15.6). Selbst viele von denen, die das Pilgern nicht physisch praktizieren, benutzen den Begriff weiterhin in geistigem Sinne. „Pilgerschaft", „Reise" und „Weg" sind Grundmetaphern der christlichen Erfahrung geblieben. John Bunyans *The Pilgrim's Progress* (Die Pilgerreise) aus dem siebzehnten Jahrhundert und aus dem neunzehnten Jahrhundert das Buch *Aufrichtige Erzählungen eines russischen Pilgers* sind vielleicht die bekanntesten, die Zeit überdauernden Beispiele.

16. Eine stetig zunehmende Pilgerschaft in verschiedenen Formen hat im Verlauf der christlichen Geschichte den spirituellen Segen erkennen lassen, den Pilgern mit sich bringen kann: neben alten Pilgerstätten sind neue entstanden in Verbindung mit dem weltweiten Wachsen des Christentums, wie man zum Beispiel bei den in Afrika entstandenen Kirchen sehen kann.[13] Pilgerfahrten können eine großartige Quelle der Erneuerung sein, durch die „neue Einsichten geschenkt werden. Ein tieferes Verständnis wird gewonnen ... Segen wird empfangen und Heiligung geschieht. Das Leben wird mit anderen Augen gesehen. Nichts wird jemals wieder ganz

---

[12] Siehe zum Beispiel *Martin Luther:* An den christlichen Adel deutscher Nation und Von der babylonischen Gefangenschaft der Kirche; *Johannes Calvin:* Abhandlung über die Reliquien und Ordonnances sur la police des eglises de la campagne.

[13] Im neunzehnten und zwanzigsten Jahrhundert kam es zu einer erneuten Popularität und ebenso einer erneuerten Kritik der Pilgerpraxis aufgrund des Entstehens neuer Pilgerziele, wie etwa Lourdes, und einer verbesserten Erreichbarkeit aufgrund der Massenverkehrsmittel. In den letzten Jahrzehnten hat sich die Zahl der Pilgernden erhöht, da das Pilgern zunehmend von Christinnen und Christen aus zahlreichen Traditionen praktiziert wird.

genau so sein, wie vorher."[14] Christen und Christinnen begeben sich auf den Pilgerweg, um das Gebet und das spirituelle Leben zu intensivieren, als einen Akt der Buße und persönlichen Verantwortlichkeit, um für Gottes Segen zu danken, aus einem starken Verlangen heraus, Gottes Hilfe zu erlangen, und auf der Suche nach Kraft für den Kampf für Gerechtigkeit und die Einheit der Menschheit und der Schöpfung. Das Pilgern kann Christen und Christinnen ermöglichen, Menschen als geschaffene irdische Lebewesen schätzen zu lernen und die heiligen Gaben der physischen Welt zu würdigen: sowohl bestimmte Heiligtümer als auch tatsächlich die Schöpfung als solche.

III. Eine Theologie für den Pilgerweg der Gerechtigkeit und des Friedens

17. Der Pilgerweg der Gerechtigkeit und des Friedens führt letztlich nicht zu einem besonderen heiligen Ort, sondern zur Erfüllung des Reiches Gottes. Sein eigentlicher Ursprung ist die *Liebe des dreieinigen Gottes,* der die Welt geschaffen hat und sie stärkt und erneuert durch den Heiligen Geist, und alle Dinge am Ende der Zeiten in Christus vervollkommnet und versöhnt. Jesus Christus kommt in die Welt durch seine Inkarnation. Seine irdische Reise führt ihn durch das Kreuz zu seiner Auferstehung und Erhöhung in Herrlichkeit, wie im *christologischen* Hymnus in Philipper 2,5–11 beschrieben, um so die Schöpfung zu erlösen und zu verwandeln. Er versöhnt alle Dinge in sich (Kol 1,15–20) und übergibt das Reich dem Vater, auf dass Gott sei alles in allem (1 Kor 15,24–28). Der Pilgerweg der Gerechtigkeit und des Friedens hat nicht nur diese christologische Grundlage, sondern auch eine *pneumatologische* Basis. Die Kirchen setzen den Weg gemeinsam fort, mit Kraft erfüllt durch den Heiligen Geist, den Christen und Christinnen im Glaubensbekenntnis von Nizäa-Konstantinopel als den bekennen, „der Herr ist und lebendig macht". Der Geist der Wahr-

---

[14] Bericht über das Treffen des Theologischen Studienprozesses, Jerusalem, 11. Februar 2016, Zitat Macrina Wiederkehr.

heit führt die Kirchen zu einer Vision von Gottes Willen für die menschlichen Beziehungen, er bewegt sie zur Erkenntnis des Willens Gottes in den verschiedenen Umfeldern, in denen sie sich befinden, er gibt ihnen die Kraft, diesem Plan zu dienen durch prophetisches Zeugnis und Handeln in ihren verschiedenen Gesellschaften. Es ist verständlich, dass zu diesem Pilgerweg notwendigerweise eine *theologische Anthropologie* gehört, das heißt eine Lehre, in der die Würde und die Bestimmung der Menschen zum Ausdruck kommen, die im Bilde Gottes geschaffen, erlöst in Christus und geheiligt durch den Geist sind. Sorge für Gerechtigkeit, Frieden und die Schöpfung ergibt sich notwendigerweise aus der Art und Weise, wie der christliche Glaube die Beziehungen der Menschen zu Gott, zueinander und zur Natur versteht. Der Pilgerweg kann seinen Ursprung und seine Begründung in Jesu Einführung des Reiches Gottes finden, wie auch sein *eschatologisches Ziel* in der Hoffnung auf seine volle Verwirklichung. So wie Gott das Volk Israel zur Freiheit durch die Wüste geführt hat in einer Wolke bei Tag und im Feuer bei Nacht, und Jesus seine Jünger führt zu dem neuen gelobten Land mit den Worten „Folgt mir nach", so setzen die Kirchen den Weg gemeinsam fort, bevollmächtigt und geleitet durch den Heiligen Geist, um ihm zu folgen zur Erfüllung des neuen Himmels und der neuen Erde (vgl. Offb 21).

18. Der Pilgerweg hat auch *ekklesiologische* Dimensionen. Er bedeutet in Gemeinschaft zu leben mit denen, die Jesus nachfolgen, genährt durch das Hören des Wortes Gottes, und die Sakramente des Glaubens zu feiern. Christliche Existenz ist ein gemeinsamer Pilgerweg, auf den sich Gottes Volk begibt. Das pilgernde Volk Gottes erfährt einen Vorgeschmack des himmlischen Festmahls jedes Mal, wenn es sich in der Feier der Eucharistie vereint. Das Lukasevangelium hebt in dieser Hinsicht verschiedene andere ekklesiologische Themen hervor. Jesus erzählt, wie ein Mann seinen Knecht aussendet, um Gäste von den Straßen und Gassen – dem Stadtrand – herbeizuholen, damit sie an dem von ihm vorbereiteten Gastmahl teilnehmen (Lukas 14,15–24), während es auf der Reise nach Emmaus geschieht, dass einige Jünger den Herrn erkennen, als der das Brot bricht (Lukas 24,35). Obwohl beim gegenwärtigen Stand ihrer Trennung die Kirchen noch nicht an dem Punkt angelangt sind, wo alle das Abendmahl miteinander feiern können, da die

Versöhnung mit Gott und miteinander das Herz des Abendmahls darstellt, finden viele Christen und Christinnen, dass dies der Augenblick ist, nicht nur dafür zu beten, sondern auch gestärkt und gerüstet zu werden, dem Herrn als Botinnen und Vertreter des Evangeliums von Gerechtigkeit und Frieden zu dienen.

19. Die Theologie des Pilgerweges hat auch gesellschaftliche und ökologische Dimensionen.[15] Von jedem Menschen und tatsächlich von der ganzen Menschheit kann gesagt werden, dass sie sich auf einer Art Pilgerweg befinden von der Schöpfung bis zur endlichen Erfüllung von Gerechtigkeit und Frieden. Pilgern heißt aufmerksam sein und in Solidarität mit den Mitreisenden voranschreiten: insbesondere den Opfern von Krieg und Gewalt, Opfern religiöser Intoleranz, Flüchtlingen, Migranten und Migrantinnen, die gezwungen sind, ihre Heimat zu verlassen, den durch ungerechte wirtschaftliche Praktiken Ausgebeuteten, den aufgrund von Abstammung und Volkszugehörigkeit Unterdrückten, den unter sexueller Gewalt oder Menschenhandel Leidenden, Familien in Not, Kindern und Jugendlichen, die in Verzweiflung leben, und denjenigen, die von der Gesellschaft ausgegrenzt werden. Überall in der Bibel erheben die Armen und Enterbten die Stimmen der Prophetie und der Wahrheit, diejenigen, die leiden und versklavt und gefangen gehalten worden sind. Von diesen Orten, die Gott aufsucht – den Randgebieten der Gesellschaft –, wird eine neue Welt Gestalt gewinnen, und hier muss der Pilgerweg Gestalt annehmen. Dies sind nicht nur die Orte, wo die Menschheit Gott als Befreier begegnet, sondern die Randgebiete sind auch bevorzugte Räume, wo Gott Gottes Selbst offenbart als den gerechten Gott, der die Fülle allen Lebens begehrt. Die Randgebiete sind auch Räume, wo Christen und Christinnen leben und ihren Glauben bezeugen. In und von den Randgebieten ruft Gott Christen und Christinnen auf, die gute Nachricht von Jesus Christus zu verkünden.

---

[15] Die Zehnte Vollversammlung kündigte den Pilgerweg der Gerechtigkeit und des Friedens mit Worten aus dem Lobgesang des Zacharias an, den er bei der Geburt seines Sohnes Johannes des Täufers (Lukas 1,78–79) betete, und fügte hinzu: „Wir sind konfrontiert mit wirtschaftlichen, ökologischen, soziopolitischen und spirituellen Herausforderungen. In Dunkelheit und im Schatten des Todes, im Leiden und in der Verfolgung – wie kostbar ist da die Gabe der Hoffnung vom auferstandenen Herrn!"

20. Die Ausbeutung und die Zerstörung der Umwelt ist ein Vergehen gegen Gott und eine Ungerechtigkeit gegenüber den Menschen von heute und den zukünftigen Generationen. Aus diesem Grund hat der Pilgerweg der Gerechtigkeit und des Friedens eine starke ökologische Dimension, in der Erkenntnis, dass die Menschen eine einzigartige Stellung innehaben im Blick auf die Übernahme von Verantwortung und die Gewährleistung der Unverletztheit des Lebens. Wenn Christen und Christen das Leben und die Vielfalt in der Schöpfung bewundern, zeigt dies ein Gespür für Gottes Größe, und dafür, dass alles, was existiert, einen inneren Wert besitzt. Darum gehört es zum Pilgerweg, die Bewahrung der Schöpfung zu würdigen, auf der Reise zu einem gerechten und nachhaltigen Leben auf der Erde.

21. Die gemeinsame Reise auf dem Pilgerweg schafft Einheit in unseren Unterschieden. Sie lädt Personen ein, sich zu bekehren, Seite an Seite mit ihren Brüdern und Schwestern. Die Erfahrung des Pilgerweges kann die Gemeinschaft in und zwischen unseren Kirchen stärken. Der Pilgerweg der Gerechtigkeit und des Friedens lädt die Kirchen ein zu einer größeren Gemeinschaft miteinander als Antwort auf den ihnen gemeinsamen Ruf, als Vertreter jener Gerechtigkeit und jenes Friedens zu dienen, die wesentliche Dimensionen der Herrschaft Gottes sind, eröffnet von Jesus und verwirklicht im Heiligen Geist. Da die Erfahrung des Pilgerweges Einheit fördert und stärkt, ist dieser auf wesentliche Weise mit Gerechtigkeit und Frieden verbunden, die beide die Beziehungen zwischen Gott, der Menschheit und der Welt verwirklichen, so wie sie dem göttlichen Plan für die Schöpfung entsprechen.

IV. Gerechtigkeit und die Herausforderungen des Weges zu einer nachhaltigen Welt

22. Überall in der Welt sehen sich Christen und Christinnen Situationen gegenüber, die laut nach Gerechtigkeit und Frieden verlangen. Der Weg zu einer gerechten und nachhaltigen Welt erfordert Reue für ein Verständnis von Schöpfung und Vorsehung, das manchmal durch eine Logik der Herrschaft verfälscht und korrumpiert worden ist. Die Sorge für Gottes Erde und ihre Ressourcen oder ihr Missbrauch ist keine Frage der Gerechtigkeit, die mit anderen Ge-

rechtigkeitsfragen auf einer Ebene liegt. Vielmehr ist die Ehrfurcht vor Gottes Schöpfung von fundamentaler Bedeutung für jegliche Existenz und Identität. Die Suche nach Gerechtigkeit für die leidenden Menschen kann es nicht geben, ohne die Lebensumstände auf eine Weise zu berücksichtigen, die die Umwelt respektiert. Gerechtigkeit ist keine abstrakte Wirklichkeit, die alleine in der menschlichen Gemeinschaft verwirklicht werden könnte, sondern es geht darum, wie wir als Menschen und Christen und Christinnen in einem Netz des Lebens leben, in Wechselbeziehung mit allen Menschen, den anderen Geschöpfen und der übrigen Schöpfung. In Erwartung der Fülle des Reiches Gottes seufzt die ganze Schöpfung unter den Bedrohungen, denen Gerechtigkeit und Wohlbefinden ausgesetzt sind – Bedrohungen, die besonders in marginalisierten Gemeinschaften und gefährdeten Umweltbereichen gegenwärtig sind.

23. Gott schuf die Welt und sah an alles, was Gott gemacht hatte, und siehe, es war sehr gut (Gen 1,31). Gott ist der Schöpfung nicht ferne oder von ihr losgelöst, tatsächlich bedeutet Schöpfung Beziehung: „Alle Lande sind Gottes Ehre voll" (Jes 6,1–3). Die Bibel bezeugt, dass die Schöpfung Gottes erste Offenbarungstat ist, und dass diese Tat Gott nicht nur als Schöpfer der Erde offenbart, sondern als in der Schöpfung Gegenwärtigen. Gott der Schöpfer ist gegenwärtig und wirkt weiter in und mit Menschen und allen Geschöpfen, dem Land, Flüssen und Meeren, um Leben und Hoffnung zu geben. Gott will, dass die ganze Schöpfung Leben in Fülle habe (Joh 10,10). Gottes providentielle Reise mit der Schöpfung führt zu einer Bundesbeziehung mit allen Geschöpfen (Gen 8,20–22). In Jesus wird die ganze Geschichte der Erlösung, beginnend mit der Schöpfung selbst, offenbart als eine Art Pilgerreise zu dem eschatologischen Reich Gottes, wo „Gerechtigkeit, Friede und Freude im Heiligen Geist" herrschen (Röm 14,17).

24. Vor der Herausforderung stehend, auf dem Weg zu einer gerechten und nachhaltigen Welt fortzuschreiten, sind die Kirchen aufgerufen, konkrete Vorschläge zu machen und prophetische Handlungsschritte zu unternehmen, um der Ungerechtigkeit und Gewalt etwas entgegenzusetzen und die menschliche Würde und die Bewahrung der Schöpfung zu bekräftigen.[16] Zu den beklagenswerten Auswirkungen von Ungerechtigkeit und Gewalt, die dramatische Folgen vor allem für die in Armut lebenden Menschen haben

und voraussichtlich tragische Konsequenzen für zukünftige Generationen haben werden, gehören Erniedrigung, Versachlichung, Ausbeutung und Kommerzialisierung von Gottes Schöpfung. Die Erde leidet unter der Verschmutzung von Luft und Wasser. Die globale Erwärmung hat verheerende Auswirkungen auf das menschliche Leben, führt zu Migrationen von nie da gewesenem Ausmaß, verursacht vielerorts die Vertreibung indigener Bevölkerungen vom Land ihrer Vorfahren und führt zum Zusammenbruch traditioneller Werte und mit dem Land verbundener Spiritualität. Die Unterdrückung und Marginalisierung von in Armut lebenden Menschen und die Erniedrigung der Schöpfung stehen in enger Wechselbeziehung.

25. Im Kontext des Leidens der Schöpfung und der am Rand der Gesellschaft Lebenden dient die Bewegung für die Einheit der Heilung der ganzen bewohnten Erde. „Denn die Kirche existiert nach dem Willen Gottes nicht für sich selbst, sondern soll dem göttlichen Plan zur Verwandlung der Welt dienen. Daher gehört der Dienst (*Diakonia*) zum eigentlichen Wesen der Kirche."[17] Die Befreiung von Gottes Schöpfung gehört mit zu den Zielen des Evangeliums. Paulus betont diese ganzheitliche Perspektive, wenn er bekräftigt: „Ist jemand in Christus, so ist er eine neue Kreatur; das Alte ist vergangen, siehe, Neues ist geworden" (2Kor 5,17). Die Einheit der Kirche entspringt dieser tiefgehenden Verheißung. Wenn die Kirchen gemeinsam den Pilgerweg gehen sollen, kann dies nur im Kontext der Reise zur Einheit der Kirche in der Schöpfung geschehen. Der Einsatz für die Heilung der Schöpfung ist kein Selbstzweck. Christen und Christinnen wissen, dass das Leben dieser Welt, wie sie ist, ein Ende haben wird. Nichtsdestotrotz sind sie, wie *Die Kirche: Auf dem Weg zu einer gemeinsamen Vision*

---

16 Unsere Kirchen und ihre Leitungsverantwortlichen haben sich mit Nachdruck für eine gerechte und nachhaltige Welt eingesetzt. Siehe zum Beispiel Patriarch Bartholomaios von Konstantinopel, der manchmal wegen seines Engagements für die Umwelt der „grüne Patriarch" genannt wird (siehe http://spiritualecology.org/contributor/his-all-holiness-ecumenical-patriarch-bartholomew) und Papst Franziskus in seiner Enzyklika Laudato Si (Enzyklika Laudato Si' von Papst Franziskus über die Sorge für das gemeinsame Haus, 24. Mai 2015, http://w2.vatican.va/content/francesco/de/encyclicals/documents/papa-francesco_20150524_enciclica-laudato-si.html, aufgerufen am 03.10.2016).

17 Die Kirche: Auf dem Weg zu einer gemeinsamen Vision, 58.

aufgezeigt hat, aufgerufen, hier und jetzt die Zusammenfassung aller Dinge in der Vollendung des Lebens und der Liebe Gottes (43) zu fördern.

V. Frieden: Das Evangelium des Herrn Jesus Christus leben in einer religiös pluralen Welt

26. Der Frieden, den Christen und Christinnen verkünden, ist der Frieden Christi, „der Friede, der höher ist als alle Vernunft" (Phil 4,7). Das hebräische Wort *Schalom* verweist auf die Ganzheit von Gerechtigkeit und Versöhnung im Gedeihen der Schöpfung. Frieden ist nicht einfach die Abwesenheit von Zerwürfnis. Christen und Christinnen sind aufgerufen, den gerechten und versöhnenden Frieden Christi einer heutigen Welt zu bringen, die durch Gier und Ungleichheit entzweit und von religiösen und säkularen Fundamentalismen zerrissen ist. Auf der Glaubensreise verbindet Christen und Christinnen die gemeinsame Hoffnung auf Versöhnung, die ein komplexer Prozess der „Wahrheit, Erinnerung, Buße, Gerechtigkeit, Vergebung und Liebe"[18] ist. Das bedeutet, dass sie sich nicht einfach zurückziehen von denen, die anders als sie selbst oder gar ihre Feinde sind, sondern dass sie getrieben von der Liebe Christi ihren Weg weitergehen und den anderen mit Christi versöhnender Liebe begegnen. „Die Liebe erfüllt den ganzen Versöhnungsprozess und ist wahres Zeichen seiner Authentizität."[19]

27. Die pilgernde Kirche ist keine auf sich bezogene, geschlossene Gemeinschaft; vielmehr ist sie aufgerufen, die frohe Botschaft des Evangeliums auf eine lebendige und einladende Weise in der heutigen komplexen Wirklichkeit zu vermitteln. Dies ist umso offensichtlicher angesichts der heutigen Gesellschaften, die sich zunehmend durch eine säkulare Geisteshaltung auszeichnen, die den Glauben an Gott an den Rand drängt oder ganz und gar ablehnt. Wir sind aufgerufen, Christus und das Evangelium der Gerechtigkeit auf eine demütige, respektvolle und dialogische Weise zu verkünden, die zugleich selbstbewusst, getreu und relevant ist für die

---

[18] Mission als Dienst der Versöhnung, 39.
[19] Ebd., 57.

Kulturen der verschiedenen Gesellschaften überall in der heutigen Welt.[20]

28. Die Schrift verkündet, dass Gott die Erlösung aller Menschen will und dass es nur einen Mittler gibt, Jesus Christus, „der sich selbst gegeben hat als Lösegeld für alle" (1 Tim 2,4–5). Jesus befahl seinen Jüngern die gute Nachricht allen zu verkünden: „Darum gehet hin und lehret alle Völker: Taufet sie auf den Namen des Vaters und des Sohnes und des Heiligen Geistes und lehret sie halten alles, was ich euch befohlen habe. Und siehe, ich bin bei euch alle Tage bis an der Welt Ende" (Mt 28,19–20). Jedes der vier Evangelien schließt mit einem solchen Auftrag, und die Kirche hat sich in allen Jahrhunderten dafür eingesetzt, in Worten und Taten die gute Nachricht von der Erlösung in Christus zu verkünden. Es ist aber nötig zu bedenken, wie Christen und Christinnen den Weg weiter gemeinsam fortsetzen und wie Zeugnis wahrhaftig und auf integre Weise in einem pluralistischen Kontext geschehen kann. Das Evangelium sollte weitergegeben werden, ohne es anderen aufzuzwingen, in Erkenntnis der Mitpilgerschaft aller Schöpfung, mit der die Kirche die Welt teilt, indem die Welt eingeladen wird, an der Guten Nachricht teilzuhaben (Röm 8,22–23).

29. Wie *Die Kirche: Auf dem Weg zu einer gemeinsamen Vision* anmerkt: „Heutzutage sind Christen sich stärker der Tatsache bewusst, dass es außer ihrer eigenen noch eine große Bandbreite anderer Religionen gibt, die positive Wahrheiten und Werte enthalten."[21] Christen anerkennen Religionsfreiheit als eine der grundlegenden Dimensionen der Menschenwürde,[22] das ist eine

---

[20] Siehe das Dokument *Das christliche Zeugnis in einer multireligiösen Welt: Empfehlungen für einen Verhaltenskodex* des Päpstlichen Rates für den Interreligiösen Dialog, des Ökumenischen Rates der Kirchen und der Weltweiten Evangelischen Allianz, verabschiedet am 28. Januar 2011 und abrufbar unter: www.oikoumene.org/de/resources/documents/programmes/interreligious-dialogue-and-cooperation/christian-identity-in-pluralistic-societies/christian-witness-in-a-multi-religious-world?set_language=de (aufgerufen am 28.05.2018).

[21] *Die Kirche: Auf dem Weg zu einer gemeinsamen Vision,* 60. Zu Fragen zu diesem Thema siehe „Religiöse Pluralität und christliches Selbstverständnis" (2006), aufgerufen am 3.Oktober 2016 unter: www.oikoumene.org/de/resources/documents/other-meetings/mission-and-evangelism/preparatory-paper-13-religious-plurality-and-christian-self-understanding?set_language=de.

[22] Mit dem Begriff „Religionsfreiheit" ist auch das fundamentale Menschenrecht gemeint, die eigene Religion in Freiheit nach der Maßgabe des eigenen Gewissens zu praktizieren.

Frage der Gerechtigkeit. Jesu Begegnung mit der syrophönizischen Frau (Mk 7,25–30) und der Frau aus Samarien (Joh 4) verweisen auf die Notwendigkeit, die menschliche Würde zu achten, wenn Christen und Christinnen, religiöse Differenzen überbrückend, mit anderen gemeinsame Wege gehen und Dialoge führen. Sie können die Reichtümer des christlichen Glaubens teilen, ohne Urteile zu fällen. Das bleibt allein Gott vorbehalten. Christliches Zeugnis sollte Andersgläubigen gegenüber immer respektvoll sein, in der Erkenntnis, dass Christen und Christinnen, wenn sie in Demut Dialoge führen und ihren Glauben bekennen, durch einen solchen Austausch und die Erfahrungen anderer mehr über ihren eigenen Glauben lernen könnten. „Die Verbreitung der freudigen Nachricht von der im Neuen Testament offenbarten Wahrheit und die Einladung an Andere zur Fülle des Lebens in Christus ist ein Ausdruck respektvoller Liebe."[23] Lukas 10,5–6 erinnert uns daran, dass die Verkündigung des Reiches Gottes die Verkündigung des Friedens mit einschließt: In einer Welt der aus religiösen Gründen verursachten Gewalt und des Todes wollen Christen und Christinnen den Frieden des Friedensfürsten bezeugen, der Leben in Fülle bringt.

30. Wir sehen, dass in verschiedenen Teilen der Welt Christen und Christinnen sich in unterschiedlichen Situationen befinden, was ihre gesellschaftliche Macht betrifft. Wenn Christen und Christinnen in einer Gesellschaft leben, in der sie Macht haben, können sie von einer sicheren und selbstbewussten Warte aus Dialoge führen und Zeugnis ablegen. Solch eine Sicherheit haben viele Christen und Christinnen aber nicht. Sie werden als Gruppe kaum geduldet oder sogar verfolgt. Die christliche Tradition hat schon früh einen Zusammenhang zwischen Zeugnis und Verfolgung gesehen, wie das Wort *martyria* bezeugt. In Situationen, in denen Christen und Christinnen bedroht, eingeschüchtert und verfolgt werden, sehen sie sich vereint im treuen Zeugnis der Heiligkeit ihres Lebens in Christus, indem sie ihr Kreuz auf sich nehmen und ihm nachfolgen (Mk 8,34). Alle Christen und Christinnen sind aufgerufen, vor Gott der Märtyrer des Glaubens zu gedenken und für jene zu beten, die Verfolgung erleiden durch die Hand derer, die im Namen

---

[23] *Die Kirche: Auf dem Weg zu einer gemeinsamen Vision*, 60.

von Religion Gewalt ausüben. Zugleich bekennen Christen und Christinnen gemeinsam, dass manche von ihnen Anderen gegenüber ungastlich waren und sie verfolgt haben, als sie die Macht dazu hatten. Es ist uns auch bewusst, dass Mitglieder aus anderen religiösen Traditionen Christen und Christinnen, die in ihre Länder als Fremde kamen, mit Wohlwollen und Gastfreundlichkeit begegnet sind.

VI. Gemeinsam auf dem Pilgerweg der Gerechtigkeit und des Friedens

31. In dem Bericht über die Berufung der ersten Jünger in Johannes 1,38–39a fragt Jesus die Jünger, was sie suchen. Sie antworten, dass sie wissen wollen, wo er untergebracht ist. Die Einladung, mit der Jesus antwortet, lautet: „Kommt und seht!" Der Pilgerweg der Gerechtigkeit und des Friedens lädt die Kirchen ein, Jesus nachzufolgen und sich gemeinsam auf die Reise zur sichtbaren Einheit zu begeben, sodass wir kommen und sehen mögen, wo er verweilt. Das Wort „Pilgerweg" deutet auf Bewegung hin, einen Ursprung und ein Ziel, einen Weg, den man sucht und dem man folgt, eine Reise. Durch die Wahl des Themas Pilgerreise der Gerechtigkeit und des Friedens hat der ÖRK nicht nur den Wunsch bekräftigt, den Weg gemeinsam fortzusetzen, sondern auch bekräftigt, dass dieser auf das Reich Gottes gerichtet ist, dass er ein verwandelnder Weg des Glaubens und des Lebens ist, und dass er eine Reise ist, die die Kirchen gemeinsam unternehmen mit anderen Begleitern und im Kontext der ganzen Welt.

32. Dieses Dokument spricht eine theologische Einladung zu einem Pilgerweg der Gerechtigkeit und des Friedens aus. Eine Theologie des Pilgerweges bietet die Möglichkeit, sich eine dynamische Vision der Kirche und der Ökumene zu eigen zu machen. Die Fragen, die in der Einleitung dieser Erklärung genannt werden (Nr. 2), verlangen nach einer positiven Antwort. Den Weg gemeinsam gehen und gemeinsam handeln für Gerechtigkeit und Frieden kann tiefgreifende Auswirkungen haben, und hat sie auch oft, auf die Bemühungen, mit Gottes Gnade zusammenzuwirken, mit der Gnade, die die Kirchen zur sichtbaren Einheit antreibt. Eine solche gemeinsame Reise in Glauben und Hoffnung vermag Kirchen zu inspirieren, und tut dies auch oft, ihre Differenzen beizulegen und

gegenseitig Glauben und Amt vollständiger anzuerkennen. Den Weg gemeinsam gehen, selbst jetzt, ohne schon völlig vereint zu sein, kann Gemeinschaft unter Christen und Christinnen herstellen und tut dies auch oft. Und was sehr wichtig ist, es kann dazu beitragen, eine Sicht der ökumenischen Bewegung zu überwinden, in der manchmal die Anstrengungen, eine „Einheit" in der Lehre zu erreichen, in Konkurrenz zu den Bestrebungen zur Zusammenarbeit im „Dienst" gesehen wurden. Das gemeinsame Gehen auf dem Pilgerweg beinhaltet, dass der christliche Dienst gerade in unserem gemeinsamen Glauben an Gottes erlösenden und erneuernden Plan für die Welt wurzelt. Mit Kraft erfüllt durch die Gnade und Führung des Heiligen Geistes vermag das Volk Gottes gemeinsam auf Christi Einladung zu antworten: „Kommt und seht!"

33. Das Ausmaß und der Umfang von Gottes erlösendem Plan ließe sich zusammenfassen mit jenen Worten aus dem Brief an die Epheser: „Er hat uns das Geheimnis seines Willens kundgetan, wie er es gnädig im Voraus bestimmt hat in ihm. Er hat beschlossen, die Fülle der Zeiten heraufzuführen, das All in Christus als dem Haupt zusammenzufassen, was im Himmel und auf Erden ist, in ihm" (Eph 1,9–10). Der Pilgerweg der Gerechtigkeit und des Friedens lädt unsere Kirchen ein, bereits jetzt ihre gemeinsame Bereitschaft anzubieten, sich den neuen Wegen zu öffnen, durch die der Geist auf die Bitten zahlloser Christen und Christinnen in der ganzen Welt antwortet, die jeden Tag beten: „Dein Wille geschehe."

Übersetzung aus dem Englischen: Dr. Wolfgang Neumann

Ökumenische Begegnung

Besuch des Heiligen Vaters beim Weltkirchenrat in Genf zu dessen 70. Gründungstag

Ansprache des Heiligen Vaters

Ökumenisches Zentrum ÖRK (Genf)
Donnerstag, 21. Juni 2018

Liebe Brüder und Schwestern,

es freut mich, euch zu treffen, und ich danke euch für den herzlichen Empfang. Insbesondere bin ich dem Generalsekretär Pastor Dr. Olav Fykse Tveit und der Moderatorin Dr. Agnes Abuom für ihre Worte und für die Einladung anlässlich des 70. Jahrestages der Gründung des Ökumenischen Rates der Kirchen dankbar.

In der Bibel erinnern siebzig Jahre an eine erfüllte Zeit, ein Zeichen des göttlichen Segens. Aber siebzig ist auch eine Zahl, die uns zwei berühmte Stellen aus dem Evangelium in den Sinn kommen lässt. In der ersten hat uns der Herr aufgetragen, einander nicht nur siebenmal, sondern „bis zu siebzig- mal siebenmal" (Mt 18,22) zu vergeben. Die Zahl bezeichnet gewiss nicht eine quantitative Größe, sondern eröffnet einen qualitativen Horizont, der nicht die Gerechtigkeit abmisst, sondern das Maß einer maßlosen Liebe aus- breitet, die fähig ist, grenzenlos zu vergeben. Es ist diese Liebe, die uns nach Jahrhunderten von Konflikten erlaubt, als versöhnte und Gott unserem Vater dankbare Brüder und Schwestern zusammen zu sein.

Wenn wir hier sind, so auch dank derer, die uns auf dem Weg voraus- gegangen sind, indem sie den Weg des Verzeihens wählten und sich dafür einsetzten, um dem Willen des Herrn zu entsprechen: „Alle sollen eins sein" (Joh 17,21). Angetrieben vom sehnlichen Verlangen Jesu haben sie sich nicht von den verwickelten Knoten der Streitigkeiten im Zaum halten lassen, sondern sie hatten die Kühnheit, weiter zu schauen und an die Ein- heit zu glauben, wobei sie die Zäune des Verdachts und der Angst über- winden wollten. Es ist wahr, was ein altehrwürdiger Vater im Glauben sagte: „Falls die Liebe die Furcht vollständig vertreiben sollte (...) und die Furcht sich verändern und zu Liebe werden sollte, dann wird man entdecken, dass das, was rettet, gerade die Einheit ist" (vgl. Hl. Gregor von Nyssa, Homilie 15 über das Hohelied zu Cant. 6,8–9c). Wir sind die Nutznießer des Glaubens, der Liebe und der Hoffnung vieler, die mit der unbewaffneten Kraft des Evangeliums den Mut hatten, die Richtung der Geschichte umzukehren, jener Geschichte, die uns dazu geführt hatte, uns gegenseitig zu misstrauen und uns voneinander zu entfremden und so der diabolischen Spirale fortdauernder Zersplitterung nachzugeben. Dank des Heiligen Geistes, der die Ökumene angeregt hat und sie führt, hat sich die Richtung geändert und ein neuer wie alter Weg ist unauslöschlich markiert worden: der Weg der versöhnten Gemeinschaft in Richtung auf das Offenbarwerden jener Brüderlichkeit hin, die die Glaubenden schon vereint.

Die Zahl siebzig bietet im Evangelium eine zweite Anregung. Sie ruft jene Jünger in Erinnerung, die Jesus während seines öffentlichen Wirkens aussandte (vgl. Lk 10,1) und die im christlichen Orient verehrt werden. Die Anzahl dieser Jünger verweist auf die der bekannten Nationen, die am Anfang der Heiligen Schrift aufgelistet werden (vgl. Gen 10). Was legt uns dies nahe? Dass die Mission sich an alle Völker richtet und dass jeder Jünger, um ein solcher zu sein, Apostel, Missionar werden muss. Der Ökumenische Rat der Kirchen ist als Werkzeug jener ökumenischen Bewegung entstanden, die durch einen starken Aufruf zur Mission wachgerufen wurde: Wie können die Christen evangelisieren, wenn sie untereinander getrennt sind? Diese dringende Fragestellung lenkt immer noch unseren Weg und setzt die Bitte des Herrn um, eins zu sein, „damit die Welt glaubt" (Joh 17,21).

Gestattet mir, liebe Brüder und Schwestern, euch über meinen aufrichtigen Dank für euren Einsatz zugunsten der Einheit hinaus auch eine Sorge zum Ausdruck zu bringen. Diese kommt vom Eindruck, dass die Ökumene und die Mission nicht mehr so eng miteinander verbunden sind wie am Ursprung. Und doch darf der missionarische Auftrag, der mehr ist als die *diakonia* und die Entwicklungshilfe, weder vergessen noch entleert werden. Unsere Identität hängt davon ab. Die Verkündigung des Evangeliums bis zu den äußersten Grenzen gehört zum Wesen unseres Christseins. Gewiss variiert die Art und Weise der Ausübung der Mission je nach Zeitepoche und örtlichen Gegebenheiten; und angesichts der leider oft wiederkehrenden Versuchung, sich entsprechend weltlicher Denkmuster aufzudrängen, ist es notwendig, daran zu erinnern, dass die Kirche Christi durch Anziehung wächst.

Aber worin besteht diese Kraft der Anziehung? Gewiss nicht in unseren Ideen, Strategien oder Projekten: An Jesus Christus glaubt man nicht mittels einer Sammlung von Ja-Stimmen, und das Volk Gottes ist nicht auf den Rang einer NGO herabzustufen. Nein, die Kraft der Anziehung liegt ganz in jener erhabenen Gabe, die den Apostel Paulus gewann: „Christus will ich erkennen und die Macht seiner Auferstehung und die Gemeinschaft mit seinen Leiden" (Phil 3,10). „Dies ist unser einziger Ruhm: die Erkenntnis des göttlichen Glanzes auf dem Antlitz Christi" (2 Kor 4,6), die uns vom lebensspendenden Geist geschenkt wird. Dies ist der Schatz, den wir als zerbrechliche Gefäße (vgl. V. 7) dieser unserer geliebten und geplagten Welt anbieten müssen. Wir wären der uns anvertrauten Sendung nicht treu, wenn wir diesen Schatz auf den Wert eines rein diesseitigen Humanismus reduzieren würden, der sich den Moden des Augenblicks anpasst. Und wir wären schlechte Hüter, wenn wir ihn nur bewahren und ihn aus Angst vor den Provokationen der Herausforderungen der Welt zurückhalten wollten (vgl. Mt 25,25).

Das, was wir wirklich brauchen, ist ein *neuer Schwung bei der Evangelisierung.* Wir sind gerufen ein Volk zu sein, das die Freude des Evangeliums lebt und teilt, das den Herrn lobt und den Brüdern dient, mit dem brennenden Wunsch in der Seele, die unerhörten Horizonte der Güte und der Schönheit denjenigen zu erschließen, die noch nicht die Gnade erhalten haben, Jesus wirklich zu kennen. Ich bin überzeugt, dass, wenn der missionarische Schub wachsen wird, auch die Einheit unter uns wachsen wird. Wie an den Ursprüngen die Verkündigung den Frühling der Kirche kennzeichnete, so wird die Evangelisierung die Blüte eines neuen ökumenischen Frühlings kennzeichnen. Schmiegen wir uns, wie zu Anfang, gemeinsam an unseren Meister an, nicht ohne eine gewisse Scham aufgrund unseres ständigen Zauderns zu empfinden, und sagen wir ihm mit Petrus: „Herr, zu wem sollen wir gehen? Du hast Worte ewigen Lebens" (Joh 6,68).

Liebe Brüder und Schwestern, ich wollte persönlich an den Feierlichkeiten dieses Jahrestages des Rates teilnehmen, auch um den Einsatz der katholischen Kirche für die ökumenische Sache zu bekräftigen und zur Zusammenarbeit mit den Mitgliedskirchen und den ökumenischen Partnern zu ermutigen. In dieser Hinsicht möchte ich etwas bei dem für diesen Tag gewählten Motto verweilen: *Gemeinsam gehen – beten – arbeiten.*

Gehen: Ja, aber wohin? Auf der Grundlage des Gesagten würde ich eine doppelte Bewegung empfehlen: eine hineingehende und eine herausgehende: *Hineingehend,* um uns beständig auf den Mittelpunkt auszurichten, um uns als Weinreben zu erkennen, die dem einzigen Weinstock, der Jesus ist, eingepfropft sind (vgl. Joh 15,1–8). Wir werden keine Frucht bringen, wenn wir uns nicht gegenseitig dabei helfen, mit ihm vereint zu bleiben. *Herausgehend* zu den vielfältigen existentiellen Peripherien von heute, um gemeinsam der leidenden Menschheit die heilende Gnade des Evangeliums zu bringen. Wir könnten uns fragen, ob wir wirklich oder nur mit Worten weitergehen, ob wir die Brüder dem Herrn darbringen und sie uns tatsächlich am Herzen liegen, oder ob sie fern von unseren echten Interessen sind. Wir könnten uns auch fragen, ob unser Weg ein Kehrtmachen ist oder ein überzeugtes Gehen zur Welt, um den Herrn dorthin zu bringen.

Beten: Auch im Gebet können wir wie beim Gehen nicht alleine voranschreiten, weil die Gnade Gottes sich eher harmonisch unter den Glaubenden ausbreitet, die sich lieben, als dass sie sich auf Einzelmaß zuschneiden ließe. Wenn wir „Vater unser" sagen, erklingt in uns unsere Kindschaft, aber auch unser Geschwistersein. Das Gebet ist der Sauerstoff der Ökumene. Ohne Gebet wird die Gemeinschaft leblos und sie schreitet nicht voran, weil wir dem Windhauch des Geistes verwehren, sie anzutreiben. Fragen wir uns: Wie viel beten wir füreinander? Der Herr hat gebetet, dass wir eins seien: Ahmen wir ihn darin nach?

Gemeinsam arbeiten: Diesbezüglich möchte ich unterstreichen, dass die katholische Kirche die besondere Wichtigkeit der Arbeit anerkennt, die die Kommission für Glauben und Kirchenverfassung leistet, und sie möchte weiterhin ihren Beitrag durch die Teilnahme hochqualifizierter Theologen erbringen. Die Suche der Kommission nach einer gemeinsamen Vision von Kirche und ihre Arbeit über die Unterscheidung der moralischen und ethischen Fragen berühren neuralgische Punkte der ökumenischen Aufgabe. Ebenso sind die aktive Anwesenheit in der Kommission für Weltmission und Evangelisation, die Mitarbeit mit dem Büro für den interreligiösen Dialog und in letzter Zeit die Kooperation hinsichtlich des wichtigen Themas der Erziehung zum Frieden sowie die gemeinsame Vorbereitung der Texte für die Gebetswoche für die Einheit der Christen und verschiedene andere Formen des vereinten Wirkens grundlegende Elemente einer soliden und erprobten Zusammenarbeit. Darüber hinaus wertschätze ich die unverzichtbare Rolle des Ökumenischen Instituts in Bossey bei der ökumenischen Ausbildung der jungen Generationen der pastoralen und akademischen Verantwortungsträger vieler christlicher Kirchen und Konfessionen aus der ganzen Welt. Die katholische Kirche wirkt seit vielen Jahren an diesem Ausbildungswerk durch die Anwesenheit eines katholischen Professors an der Fakultät mit; und jedes Jahr habe ich die Freude, die Studentengruppe zu begrüßen, die ihre Studienreise nach Rom unternimmt. Ich möchte auch als gutes Zeichen des „ökumenischen Einvernehmens" die wachsende Teilnahme am Gebetstag für die Bewahrung der Schöpfung erwähnen.

Überdies hat die typische kirchliche Arbeit ein klar definiertes Synonym: *diakonia.* Sie ist der Weg, auf dem wir dem Meister nachfolgen müssen, „der nicht gekommen ist, um sich dienen zu lassen, sondern um zu dienen" (Mk 10,45). Der vielfältige und intensive Dienst der Mitgliedskirchen des Rates findet sinnbildlichen Ausdruck im Pilgerweg der Gerechtigkeit und des Friedens. Die Glaubwürdigkeit des Evangeliums wird durch die Art und Weise auf die Probe gestellt, in der die Christen auf den Ruf derer antworten, die in allen Winkeln der Erde durch Ungerechtigkeit Opfer der tragischen Zunahme eines Ausschlusses sind, der Armut erzeugt und die Konflikte nährt. Die Schwachen werden immer mehr ausgegrenzt, ohne Brot, Arbeit und Zukunft, während die Reichen immer weniger und immer reicher werden. Fühlen wir uns vom Weinen der Leidenden angesprochen und empfinden wir Mitleid, denn das „Programm des Christen ist *ein sehendes Herz*" (Benedikt XVI., Enzyklika Deus caritas est, 31). Sehen wir das, was konkret machbar ist, anstatt uns durch das entmutigen zu lassen, was nicht getan werden kann. Schauen wir auch auf so viele unserer Brüder und Schwestern, die in verschiedenen Teilen der Welt, vor allem im Nahen Osten, leiden, weil sie Christen sind. Seien wir ihnen nahe. Und erinnern wir uns, dass unserem ökumenischen Weg eine schon verwirklichte Ökumene vorausgeht und ihn begleitet, die Ökumene des Blutes, die uns auffordert, weiterzugehen.

Machen wir uns einander Mut, die Versuchung zu überwinden, bestimmte kulturelle Denkmuster zu verabsolutieren und uns von parteilichen Interessen vereinnahmen zu lassen. Helfen wir den Menschen guten Willens, Situationen und Angelegenheiten, die einen Großteil der Menschheit betreffen, aber einen Platz zu sehr am Rande der vielen Meldungen einnehmen, mehr Raum zu geben. Wir können nicht teilnahmslos sein, und es ist Grund zur Beunruhigung, wenn sich einige Christen gegenüber den Bedürftigen gleichgültig zeigen. Noch trauriger ist die Überzeugung derer, die ihre eigenen Vorteile als reine Zeichen der göttlichen Bevorzugung erachten, anstatt als einen Ruf, der Menschheitsfamilie verantwortungsvoll zu dienen und die Schöpfung zu bewahren. Der Herr wird uns zu unserer Liebe zum Nächsten, jedem Nächsten, fragen, der Gute Samariter der Menschheit (vgl. Lk 10,29–37) wird uns fragen. Fragen wir uns also: Was können wir gemeinsam tun? Wenn ein Dienst möglich ist, warum ihn nicht gemeinsam planen und durchführen, um so allmählich eine intensivere Brüderlichkeit in der Ausübung der konkreten Nächstenliebe zu erfahren?

Liebe Brüder und Schwestern, ich danke euch erneut herzlich. Helfen wir uns, gemeinsam zu gehen, zu beten und zu arbeiten, damit die Einheit mit der Hilfe Gottes voranschreite und die Welt glaube. Danke.

Papst Franziskus

© Copyright – Libreria Editrice Vaticana

Ökumenisches Gebet

Besuch des Heiligen Vaters beim Weltkirchenrat in Genf zu dessen 70. Gründungstag

Ansprache des Heiligen Vaters

Ökumenisches Zentrum ÖRK (Genf)
Donnerstag, 21. Juni 2018

Liebe Brüder und Schwestern,

wir haben die Worte des Apostels Paulus an die Galater gehört, die Belastungen und interne Auseinandersetzungen erlebten. Denn es gab Gruppen, die aneinandergerieten und sich gegenseitig anklagten. In diesem Zusammenhang lädt der Apostel gleich zweimal innerhalb von wenigen Versen dazu ein, im Geist zu wandeln (vgl. Gal 5,16.25).

Wandeln. Der Mensch ist ein Lebewesen auf dem Weg. Das ganze Leben über ist er gerufen, sich auf den Weg zu machen und ständig von dort hinauszugehen, wo er sich befindet: wann er aus dem Mutterleib geboren wird, wann er von einem Lebensalter zu einem anderen übergeht; vom Augenblick, in dem er das Elternhaus verlässt bis hin zum Moment, in dem er aus diesem irdischen Dasein scheidet. Der Weg ist ein Gleichnis, das den Sinn des menschlichen Lebens offenbart, eines Lebens, das nicht sich selbst genügt, sondern immer auf der Suche ist nach etwas, was darüber hinausgeht. Das Herz lädt uns ein, zu einem Ziel zu gehen, es zu erreichen.

Aber Gehen bedeutet Disziplin, Anstrengung, es bedarf der täglichen Geduld und der beständigen Übung. Man muss auf viele Straßen verzichten, um jene zu wählen, die zum Ziel führt. Dazu muss man die Erinnerung wach halten, um das Ziel nicht aus den Augen zu verlieren. Ziel und Erinnerung. Gehen erfordert die Demut kehrtzumachen, wenn es notwendig ist. Gehen schließt die Sorge um die Weggefährten ein, weil man nur gemeinsam gut geht. Gehen verlangt also eine beständige Bekehrung von sich selbst. Deshalb verzichten viele darauf und ziehen die häusliche Ruhe vor, in der sie bequem die eigenen Angelegenheiten pflegen können, ohne sich den Risiken der Reise auszusetzen. Aber so klammert man sich an flüchtige Sicherheiten, die nicht jenen Frieden und jene Freude geben, nach denen sich das Herz sehnt, und die man nur findet, wenn man aus sich selbst herausgeht.

Gott ruft uns hinauszugehen, von Anfang an. Schon von Abraham wurde verlangt, sein Land zu verlassen, sich auf den Weg zu machen und sich allein mit dem Vertrauen auf Gott auszurüsten (vgl. Gen 12,1). So haben Mose, Petrus und Paulus und alle Freunde des Herrn ein Leben auf dem Weg geführt. Aber vor allem Jesus hat uns dafür ein Beispiel gegeben. Für uns ist er aus seiner göttlichen Gestalt (vgl. Phil 2,6–7) herausgegangen und ist zu uns hinabgestiegen, um sich auf den Weg zu machen, er, der der Weg ist (vgl. Joh 14,6). Er, der Herr und Meister, hat sich zum Pilger und Gast unter uns gemacht. Als er zum Vater zurückgekehrt war, hat er uns seinen eigenen Geist geschenkt, so dass auch wir die Kraft haben, in seine Richtung zu gehen und das zu vollziehen, was Paulus fordert: im Geiste zu wandeln.

Im Geiste. Wenn schon jeder Mensch ein Lebewesen auf dem Weg ist, der seine Berufung verleugnet, wenn er sich in sich selbst verschließt, so gilt dies umso mehr für den Christen. Denn, so unterstreicht Paulus, das christliche Leben stellt uns vor die absolute Alternative: einerseits im Geiste zu wandeln und der von der Taufe vorgezeichneten Spur zu folgen oder andererseits „das Begehren des Fleisches zu erfüllen" (Gal 5,16). Was sagt diese Formulierung aus? Sie bedeutet, sich selbst verwirklichen zu wollen, indem man dem Weg des Besitzes, der Logik des Egoismus folgt. Gemäß dieser Logik versucht der Mensch, hier und jetzt all das, was ihm gefällt, anzuhäufen. Er geht nicht vertrauensvoll in die Richtung mit, die Gott ihm aufzeigt, sondern er verfolgt seine eigenen Wege. Uns stehen die Konsequenzen dieser tragischen Entwicklung vor Augen: Der Mensch verliert in der Gier nach Dingen die Weggefährten aus dem Blick; so herrscht auf den Straßen der Welt eine große Gleichgültigkeit. Geleitet von seinen Trieben wird der Mensch zum Sklaven eines ungebremsten Konsumismus: So wird die Stimme Gottes zum Schweigen gebracht; so werden die anderen, vor allem wenn sie unfähig sind, mit den eigenen Beinen zu gehen wie die Kleinen und die Alten, zu lästigem Abfall; dann hat die Schöpfung keinen anderen Sinn mehr, als der Produktion in Abhängigkeit von den Bedürfnissen zu genügen.

Liebe Brüder und Schwestern, diese Worte des Apostels Paulus sprechen uns heute mehr denn je an: im Geist zu wandeln, ist *die Weltlichkeit zu verwerfen*. Es bedeutet, die Logik des Dienstes zu wählen und in der Vergebung fortzuschreiten. Es bedeutet, sich in der Gangart Gottes in die Geschichte herabzusenken: nicht mit der dröhnenden Gangart der Machtanmaßung, sondern mit jener, die dem Rhythmus eines einzigen Gebotes folgt:

„Du sollst deinen Nächsten lieben wie dich selbst" (V. 14). Denn der Weg des Geistes ist von den Meilensteinen gekennzeichnet, die Paulus aufzählt: „Liebe, Freude, Friede, Langmut, Freundlichkeit, Güte, Treue, Sanftmut und Enthaltsamkeit" (V. 22).

Wir sind gemeinsam gerufen, so zu wandeln: Der Weg führt über eine beständige Bekehrung, über die Erneuerung unserer Denkweise, damit sie sich an jene des Heiligen Geistes anpasse. Im Lauf der Geschichte ist es oft zu Trennungen unter den Christen gekommen, weil sich an der Wurzel, im Leben der Gemeinschaften, eine weltliche Denkweise eingeschlichen hatte: Zuerst versorgte man die Eigeninteressen, dann jene von Jesus Christus. In diesen Situationen hatte der Feind Gottes und des Menschen leichtes Spiel, um uns zu trennen, weil die eingeschlagene Richtung jene des Fleisches war, nicht jene des Geistes. Auch einige Versuche in der Vergangenheit, diesen Trennungen ein Ende zu setzen, sind elend gescheitert, weil sie sich hauptsächlich an einer weltlichen Logik orientierten. Aber die ökumenische Bewegung, zu der der Ökumenische Rat der Kirchen viel beigetragen hat, wurde durch die Gnade des Heiligen Geistes erweckt (vgl. Vaticanum II, *Unitatis redintegratio,* 1). Die Ökumene hat uns dem Willen Jesu entsprechend in Bewegung gesetzt und wird voranschreiten können, wenn sie immer unter der Führung des Heiligen Geistes wandelnd jede Verkrümmung auf sich selbst abweisen wird.

Aber – so könnte man einwenden – auf diese Weise zu wandeln bedeutet, mit Verlust zu arbeiten, weil man nicht zu Genüge die Eigeninteressen der Gemeinschaften schützt, die oftmals eng an ethnische Zugehörigkeiten oder überkommene Vorstellungen gebunden sind, seien sie mehrheitlich „konservativ" oder „fortschrittlich". Ja, zuerst zu Jesus zu halten, bevor man zu Apollos oder zu Kephas hält (vgl. 1 Kor 1,12); in Christi zu sein, bevor man „Jude oder Grieche" (vgl. Gal 3,28) ist; zum Herrn zu gehören, bevor man rechts oder links ist; im Namen des Evangeliums sich für den Bruder anstatt für sich selbst zu entscheiden; das bedeutet oftmals in den Augen der Welt, mit Verlust zu arbeiten. Scheuen wir uns nicht davor, Verluste zu machen! Die Ökumene ist „ein großes Verlustgeschäft". Aber es handelt sich um einen dem Evangelium gemäßen Verlust entsprechend der von Jesus vorgezeichneten Spur: „Denn wer sein Leben retten will, wird es verlieren; wer aber sein Leben um meinetwillen verliert, der wird es retten" (Lk 9,24). Das Eigene zu retten bedeutet, im Fleisch zu wandeln; sich in der Nachfolge Jesu zu verlieren bedeutet, im Geist zu wandeln. Nur so bringt man im Weinberg des Herrn Frucht. Wie Jesus selbst lehrt, bringen nicht diejenigen, die anhäufen, im Weinberg des Herrn Frucht, sondern diejenigen, die dienen und der Logik Gottes folgen, der weiterhin schenkt und sich selbst schenkt (vgl. Mt 21,33–42). Es ist die österliche Logik, die einzige, die Frucht trägt.

Wenn wir auf unseren Weg schauen, können wir uns in einigen Situationen der Gemeinden Galatiens von damals widerspiegeln: Wie schwierig ist es, die Feindseligkeiten zu beschwichtigen und die Gemeinschaft zu fördern; wie mühsam ist es, aus Gegensätzen und wechselseitigen Ablehnungen herauszukommen, die über Jahrhunderte genährt wurden! Noch schwieriger ist es, jener heimtückischen Versuchung zu widerstehen: mit den anderen zusammen zu sein, miteinander zu gehen, aber in der Absicht, irgendein Eigeninteresse durchzusetzen. Dies ist nicht die Logik des Apostels, es ist die des Judas, der zusammen mit Jesus wandelte, aber zum eigenen Vorteil. Die Antwort auf unsere wankenden Schritte ist immer die gleiche: im Geist wandeln, indem wir das Herz vom Bösen reinigen, mit heiliger Hartnäckigkeit den Weg des Evangeliums wählen und die Schleichwege der Welt ablehnen.

Nach vielen Jahren ökumenischen Einsatzes bitten wir den Geist an diesem siebzigsten Jahrestag des Rates, unsere Schritte zu stärken. Zu leicht bleiben wir angesichts der bestehenden Unterschiede stehen; zu oft bleiben wir, vom Pessimismus niedergedrückt, im Aufbruch stecken. Wir sollten uns nicht mit den Entfernungen herausreden, es ist jetzt schon möglich, im Geist zu wandeln: beten, evangelisieren, gemeinsam dienen, das ist möglich und Gott wohlgefällig! Gemeinsam gehen, gemeinsam beten, gemeinsam arbeiten: Das ist unser Königsweg heute.

Diese Straße hat ein festes Ziel: die Einheit. Die entgegengesetzte Straße, jene der Spaltung, führt zu Kriegen und Zerstörungen. Es genügt, auf die Geschichte zu schauen. Der Herr bittet uns, beständig den Weg der Gemeinschaft einzuschlagen, der zum Frieden führt. Die „Spaltung widerspricht aber ganz offenbar dem Willen Christi, sie ist ein Ärgernis für die Welt und ein Schaden für die heilige Sache der Verkündigung des Evangeliums vor allen Geschöpfen" (*Unitatis redintegratio, 1*). Der Herr bittet uns um Einheit; die Welt, zerrissen von zu vielen Spaltungen, die vor allem die Schwächsten treffen, ruft nach Einheit.

Liebe Brüder und Schwestern, es war mein Wunsch, als Pilger auf der Suche nach Einheit und Frieden hierher zu kommen. Ich danke Gott, weil ich hier euch, Brüder und Schwestern, die schon unterwegs sind, angetroffen habe. Gemeinsam gehen ist für uns Christen nicht eine Strategie, um größer herauszukommen, sondern ist ein Akt des Gehorsams gegenüber dem Herrn und der Liebe zur Welt. Gehorsam gegenüber Gott und Liebe zur Welt, die wahre Liebe, die rettet. Bitten wir den Vater, mit mehr Kraft auf den Wegen des Geistes gemeinsam zu wandeln. Das Kreuz gebe die Richtung des Weges vor, weil dort, in Jesus, die Mauern der Trennung schon niedergerissen sind und jede Feindschaft überwunden ist (vgl. Eph 2,14): Dort verstehen wir, dass uns trotz unserer Schwächen niemals irgendetwas von seiner Liebe scheiden wird (vgl. Röm 8,35–39). Danke.

Papst Franziskus

© *Copyright – Libreria Editrice Vaticana*

Wir stehen in der Bibel

Bibellesen als Grundform ökumenischer Gemeinschaft[1]

1. Text und Kontext. Oder: Verstehst Du auch, was Du liest?[2]

Wenn es um „Text" im kirchlichen und theologischen Kontext geht, dann haben alle *den* Text im Sinn: die Bibel, das Buch der Bücher, *die* Schrift, *das* Wort.

Im Anfang war das Wort, aber so ganz alleine hat es keine Bedeutung. Das Wort muss sprechen. Aus sich herausgehen. Und selbst das ist nicht genug, wenn da niemand ist, der es hört. Bzw. präziser: versteht; also es empfängt *und damit umgeht.* Das Wort an und für sich ist bedeutungslos. Es ist genau genommen nicht mal mehr Wort, sondern nur Eins.[3] Ein Was. Um Etwas, ein Bestimmtes zu werden, braucht es ein Zweites. Und um Bedeutung zu erlangen, braucht das Ding eine Wahrnehmung. Das *Was* muss gewissermaßen befragt werden und seine Antwort bekommen. Wie die Menschheit die Erde zu ihrer Welt machte, indem sie sie gestaltete, die Animalität benannte und dann als Adam und Eva zur (Selbst-)Erkenntnis fand.

Das Materielle, sei es fassbar oder – wie im Fall des Wortes – nur Laut, wird bedeutend dadurch, dass es wahrgenommen wird als etwas. Und das wiederum nicht nur für sich, sondern in Zusammenhängen, in einem System, einer Sprache. So wird Etwas zum Zeichen, das Anderes vermittelt; Wissen, das nie „objektiv" vorliegt, in reiner Wirklichkeit, sondern in seiner Realisierung als Objekt stets interpretiert wird. Das rein „Objektive" wäre bedeutungslos. Das bedeutende Abbild der Wirklichkeit aber bleibt

---

[1] Überarbeitete und erweiterte Fassung eines Vortrags zur Verabschiedung von Prof. Dr. Sung-Hee Lee-Linke aus dem Dienst der Evangelischen Kirche im Rheinland in den Ruhestand, St. Augustin, 7. Juli 2018.

[2] Apg 8, 30.

[3] Im Folgenden orientiere ich mich an der Semiotik Charles Sanders Peirces. Vgl. jetzt *Helmut Pape:* Charles Sanders Peirce zur Einführung, Hamburg 2015.

eben ein Bild, das ich als (An-)Zeichen für etwas wahrnehme und das entsprechend wirkt, als Symptom, als Signal oder als Symbol, und ich bin der, der es wirken lässt, indem ich es wahr-nehme.

Dass der Zeichengebrauch intersubjektiv funktioniert, so dass Kommunikation mit anderen möglich wird, setzt ein gemeinsames Zeichensystem oder dessen Bildung voraus. Eine gemeinsame Kultur. Wobei diese Gemeinsamkeiten stets begrenzt sind. Oder positiver formuliert: mehr oder weniger eigentümlich ausgebildet. Daraus folgt, dass im Extremfall schon zwei Menschen ein und dasselbe nicht vollständig gleich verstehen können, eine Differenz im Verstehen unaufhebbar ist und kommunikative Verstehensprozesse also unabschließbar sind.[4] Seit Adam und Eva und dem Schlang.[5] Die prinzipiell unabschließbaren Verständigungsprozesse werden pragmatisch ausgesetzt, wenn intersubjektiv ein ausreichendes Maß an Evidenz erreicht und also konsensual Gemeinschaft hinsichtlich dessen erzielt ist, was die Sprecher und Hörer erreichen wollen: eine Empfindung, eine Einsicht, eine Handlung; den Biss in eine Frucht vom Baum der Erkenntnis.

Weil sich der je eigene Kontext also immer vor den Text schiebt,[6] dient es durchaus dem Verstehen, wenn der Rezipient versucht, den eigenen Kontext hinter sich zu lassen und dem Autor in seiner Zeichenwelt möglichst nahe zu kommen. Manchmal braucht es Hilfe zum Verstehen, wobei diese Leistung eines Dritten auch eine ganz eigene Note eintragen kann; man denke an den Schlang. Wirklich möglich ist das Verlassen des eigenen Kontextes – also des eigenen Standpunktes bzw. der je eigenen Individualität – nicht. Die Einigung auf einen methodisch geleiteten Prozess ist hier aber hilfreich. In der kopräsenten Kommunikation erfolgt dies etwa durch Feedback.[7] Über zeitliche Abstände hinweg hilft zum Verstehen z.B. die

---

[4] Siehe *Jacques Derrida:* Die différance; in: *Peter Engelmann* (Hg.): Postmoderne und Dekonstruktion. Texte französischer Philosophen der Gegenwart, Stuttgart 2015, 76–113.

[5] *Horst Seebass* verweist in seiner Übersetzung von Gen 3,1 darauf, dass *nahas* ein Masculinum ist. Vgl. Genesis. Band 1: Vätergeschichte I, Neukirchen-Vluyn 1996, 98 f. Schlang als Übersetzung von *nahas* ist hier ein schönes Beispiel für ein eigentümliches Verstehen und Kommunizieren wie für differäntes Verstehen.

[6] Oder – in der Auffassung Derridas – der Text sich immer nur Stück für Stück in meinen Kontext hineinziehen lässt.

[7] Vgl. weiterhin den Klassiker *Friedemann Schulz von Thun:* Miteinander reden, insbesondere die Bände 1 – Störungen und Klärungen. Allgemeine Psychologie der Kommunikation, Reinbek 1981, und 2 – Stile, Werte und Persönlichkeitsentwicklung. Differenzielle Psychologie der Kommunikation, Reinbek 1989; zuletzt *Bernhard Pörksen/Frie-*

historisch-kritische Methodik, also der Weg der Rekonstruktion eines Textes in seinem zeitlichen, sprachlichen und (volks-)kulturellen Horizont. Dass auch dies nicht vollständig möglich ist, versteht sich nach dem Gesagten von selbst. Es gibt *nicht einen* Literalsinn, der „objektiv" greifbar wäre.

Das soll die Bedeutung der historisch-kritischen, diachronen Hermeneutik nicht kleinreden. Es darf damit gerechnet werden, dass Frauen, Männer, Deutsche und Koreaner, indem wir uns historisch-kritisch mit biblischen Texten befassen, besser werden verständigen können, als ohne diesen Versuch eines Rückgriffs „ad fontes". Hier soll einzig darauf aufmerksam gemacht werden, dass es im Textverstehen um nicht mehr als um eine kontextgebundene Annäherung an den Text gehen kann, bzw. – im Fall gelingender Kommunikation – um eine kongeniale Rekonstruktion dessen, was der Autor produzierte. Frei nach Apg 8,30: Du verstehst, was du liest, auch weil du selbst es schreibst.

Kreative Auslegungsformen wie etwa das Bibliodrama[8] oder das gleichnamige von Peter Pitzele entwickelte Konzept, das bei uns unter der Bezeichnung Bibliolog Verbreitung findet,[9] sind darum eben keine uneigentlichen Formen des Bibellesens, sondern vielmehr solche, die ausdrücklich mit dem arbeiten, was im Schatten der Buchstaben zu leicht verborgen ist. Es geht eben mit Karl Barth gesprochen wirklich darum, Theologie mit der Bibel in der einen und mit der Zeitung in der anderen Hand zu treiben; bzw. – an der Stelle des „und" über Barth hinausgehend – mit der Bibel in der einen *wie* mit der Zeitung in der anderen Hand: als Hineinlesen unserer Erfahrungswelt in die Bibel und biblischen Entdeckungen in unserer Gegenwart.

Auch wenn es um einen vorgegebenen Text geht: Ich selbst „schreibe" den Text, den ich lese. Und wenn ich diesen Prozess hier „kongenial" nenne, dann dient dies hier in aller Kürze dazu, den Übergang von der Semiotik zur Pneumatologie zu bewerkstelligen.

Der „Genius" Jesu als dem Christus hat gewirkt. Er hat Menschen begeistert. Davon gibt das Neue Testament Zeugnis. Und in Bezug auf Christus begeistert es weiter. „Unter Aufnahme rezeptionsästhetischer Einsichten läßt sich der Gedanke dahin fortführen, dass nicht nur der Glaube der

demann Schulz von Thun: Kommunikation als Lebenskunst. Philosophie und Praxis des Miteinander-Redens, Heidelberg 2014.

[8] *Gerhard Marcel Martin:* Sachbuch Bibliodrama. Praxis und Theorie, Berlin ³2011.

[9] *Uta Pohl-Patalong:* Bibliolog. Impulse für Gottesdienst, Gemeinde und Schule. Band 1: Grundformen, Stuttgart ²2010; Band 2: Aufbauformen, Stuttgart 2009.

ersten Jünger, sondern *auch der heutige Leser* ein integrierender Bestandteil des von den neutestamentlichen Schriften bezeugten Ereignisses und somit Bestandteil der Schrift selbst ist."[10] Ich bin also mit Ulrich Körtner der Auffassung, dass eine Bibelleserin oder Bibelleser mit ihrem Glauben selbst „in den biblischen Text gehört";[11] in mit und unter seiner Inspiration, die sich durch Tradierung, Lektüre oder weiter(!)erzählende Verkündigung realisiert.[12] Dieser Bezug wird bei aller oder auch mit aller Unterschiedlichkeit als Zusammengehörigkeit mit anderen erfahren, die sich in ihrem Leben, biblisch und vermittelt traditional, ebenfalls auf Jesus Christus gründen.

2. *Wer ich bin. Oder: Es ist nicht ein leeres Wort an euch, sondern es ist euer Leben ...*

Konrad Stock verweist in seiner Theorie der christlichen Erfahrung[13] darauf, dass sich unser Leben in Erinnerung von Erlebtem für mich bildet. Erinnerung ist uns sprachlich erschlossen. Die Sprache repräsentiert die sinnliche Wahrnehmung, sie ruft sie (in ihren Bildern) in Erinnerung und macht sie mir als Erfahrung zugänglich. Sprache macht Erfahrung erst möglich. Und Erwartung, zunächst als ein in der Regel vertrauensvolles, in Krisen und Not aber auch angstvolles Ausgerichtetsein darauf, dass sich neue Erfahrungen einstellen werden; dass oder ob ich also weiterleben kann und werde. Aber auch als Erwartung im Bereich des Ethos, denn in der Sprache, die wesentlich eben auch Ausdruck menschlicher Sozialität ist, kommt es zur Verständigung über das, was ist und sein soll; also erstrebt

---

[10]   *Ulrich Körtner:* Der inspirierte Leser. Zentrale Aspekte biblischer Hermeneutik, Göttingen 1994, 110.

[11]   Ebd., 112.

[12]   Vgl. dogmengeschichtlich Luthers Lehre vom äußeren und inneren Wort. Vgl. hier theologiegeschichtlich und systematisch *Ulrich Körtner:* Theologie des Wortes Gottes. Positionen – Probleme – Perspektiven, Göttingen 2001, 73–79 und 263 f. Vgl. anders aber auch die bei uns vor allem mit dem Namen Dietrich Ritschls verbundene Story-Konzeption. Dazu siehe *Marco Hofheinz:* „Ach, bild mich ganz nach Dir". Zur bildungstheoretischen und urteilspraktischen Relevanz der Gottebenbildlichkeit Jesu Christi für eine narrative Ethik.; in: *Ingrid Schoberth* (Hg.): Urteilen lernen – Grundlegung und Kontexte ethischer Urteilsbildung, Göttingen 2012, 214–230.

[13]   Vgl. *Konrad Stock:* Systematische Theologie. Teil I: Erfahrung und Offenbarung, Göttingen 2017, 173–237.

wird oder vermieden werden soll. Stock weist damit darauf hin, dass in der Sprache also das praktische Wissen einer Gesellschaft repräsentiert ist: Ideen davon, was gut ist; also Vorstellungen von dem, was dem Sein und Werden des Ich bzw. – in seiner wesentlichen Bezogenheit auch auf andere – dem Menschsein mehr oder weniger förderlich ist oder es auch bedroht und gefährdet. Im Modus des Erinnerns und der Erwartung beziehen wir uns auf die Gegenwart und gestalten diese entsprechend der lebensgeschichtlich, also in der Kommunikation mit anderen gebildeten Vorstellung von dem, was deshalb sein soll, weil es dem ursprünglichen Sein, dem Wesen des Menschen entspricht.[14] Bzw. wir versuchen es. In der Ethik wird hier von den Ambivalenzen zu sprechen sein, die wir an uns selbst erleben, der existentiellen Entfremdung, sowie von Auseinandersetzungen zwischen konkurrierenden Vorstellungen von dem, was gut ist. Es wird auch um den Meinungsstreit innerhalb von Gemeinschaften gehen, zwischen Frauen und Männern etwa und zwischen unterschiedlichen Gesellschaften.[15] Hier wird es darum gehen müssen zu zeigen, wie es zu dieser Erinnerung als einer ethischen Orientierung kommt, im Christentum zumal als einer sprachliche und kulturelle Grenzen übersteigenden, globalen, ökumenischen Gesellschaft.

Die Sprache erschließt Erleben wie auch Erlebtes. Sie stellt Formen zur Verfügung, das Erleben zu verstehen bzw. als Erfahrung von etwas zu begreifen. Sprache ermöglicht Erfahrung von etwas als etwas und ein Verstehen von mir als jemand. Für mich als Christen ist es die biblische Sprache, durch die ich – aus meinem Kontext heraus – in den Text, namentlich den biblischen Text hineinfinde, mich darin wiederfinde; als meine Ge-

---

[14] Die auf Erinnerung konzentrierte Konzeption Stocks mag in der verkürzten Darstellung ein wenig an den Franckeschen Pietismus erinnern, wenn die bewusste und aktive Erinnerung im Bildungsprozess zu sehr betont wird. Die Summe von Erfahrungen, die mein Selbst gebildet hat, ist jedoch nicht vollständig bewusst. Es gibt fraglos auch nicht erinnerte, womöglich auch nicht erinnerbare Erfahrungen, Unbewusstes, das gleichwohl bedeutsam für die charakterliche Bildung ist. Im Blick auf die von Stock mit Recht betonte passionale Konstitution des unmittelbaren Selbstbewusstseins darf die Vorstellung von Bildung nicht auf Selbstbildung verkürzt gedacht werden, sie schließt Prägungen ein. Die Bedeutung der Erinnerung ist damit nicht herabgesetzt, denn es bleibt ja dabei, dass auch das Prägende mir nur durch die Sprache zugänglich werden kann; analytisch gewissermaßen.

[15] Wie das aussehen kann, hat *Sung-Hee Lee-Linke* verschiedentlich gezeigt. Vgl. exemplarisch *dies.* (Hg.): Ein Hauch der Kraft Gottes. Weibliche Weisheit in den Weltreligionen, Frankfurt a. M. 1999 und *dies.* Frauen gegen Konfuzius. Perspektiven einer asiatisch-feministischen Theologie, Gütersloh 1995.

schichte. Bzw. die biblische Geschichte in mein Erleben hineinlese und mit der biblischen Sprache zu erfassen lerne, was sich mir im Erleben darbietet. Weil die biblischen Texte Sprachbilder bieten, in denen ich mein Erleben darstellen kann.[16]

In dem Sinne ist die Bibel das Buch der Bücher, dass sie als das Buch des Lebens lehrt, das Buch der Natur und der Geschichte zu lesen und mich zu verstehen.[17] Ich gehöre in den biblischen Text, weil er Ausdruck meiner Lebenserfahrung ist. Im Glauben gehöre ich zu den Kindern Gottes, von denen die Bibel handelt. Es ist unbeschadet meiner muttersprachlichen Herkunft und (volks-)kulturellen Zugehörigkeit meine Geschichte. Sie bestimmt meine Gegenwart und lässt mich auf die Zukunft vertrauen, weil mir auf meine Frage, was das alles bedeutet, geantwortet wurde: *„Wir waren Knechte des Pharao in Ägypten, und der HERR führte uns aus Ägypten mit mächtiger Hand"* (Dtn 6,21) und *wir* sollen uns an das Wort Gottes halten, denn es ist unser Leben und birgt die Verheißung, das wir durch dieses Wort lange leben in dem Lande (Dtn 32.47). Wir stehen in der Bibel, unserer Geschichte, die ich mit meiner Biographie fortsetzen will nach der Weisung Gottes.

Bleibt die Frage, was das für Gebote sind, die Gott uns geboten hat (5 Mose 6,20).

3. *Bedeutungsfülle. Oder: Lasst das Wort Christi reichlich unter euch wohnen. Lehrt und ermahnt einander in aller Weisheit*[18]

Wenn es um die christliche Einheit geht, wird in der Regel Joh 17,21 zitiert, Jesu Bitte für die, denen er Gottes Wort gegeben hat und die es Glauben wirkend weitergeben. Diese sollen eins sein, wie der Vater mit dem Sohn in seiner Sendung. Man mag Gott hier trinitarisch als die (Welt-)umfassende Bedeutungsfülle verstehen,[19] den Glauben als kreatürliches Selbstverständnis aus kreativer (Geist-)Erfahrung von Bedeutendem, nämlich der heilsamen Gottesnähe. Die unhintergehbare, kontextuelle Eigentümlichkeit des Verstehens des Bedeutenden, des Zeugnisses von der Liebe

---

[16] Vgl. *Stock,* Systematische Theologie, 446.
[17] Vgl. ebd., 499 f.
[18] Kol 3,1.
[19] Vgl. *Hermann Deuser:* Kleine Einführung in die Systematische Theologie, Stuttgart 1999, §§ 3 und 4.

Gottes, und also die individuelle Begrenztheit des Glaubens schließt im wesentlichen Bezug auf Gott die Kommunikation mit anderen notwendig ein. Der Glaube eines Einzelnen, einer Gemeinde und einer Kirche allein ist niemals hinreichend. Der Glaube ist als ein Verstehen immer kontextuell begrenzt und prozessual unabschließbar. Wo also ein Gläubiger, eine Gemeinde oder eine Kirche sich selbst genug ist und sich von der Glaubenskommunikation mit anderen abschließt, begibt sie sich nicht nur der Möglichkeit besseren Selbst- und Gottesverständnisses. Sie verfehlt damit ihr wesentliches Sein.[20]

Die Frage nach dem Warum bzw. Wozu konfessioneller sowie interkultureller und internationaler Ökumene ist damit fundamental beantwortet. Es geht in unserer sozialen Wirklichkeit in Deutschland darum nicht nur um eine pragmatisch wünschenswerte Kooperation der Kirchen, die nicht zuletzt von außen veranlasst ist, weil die konfessionelle Zergliederung des Christentums in Deutschland von einer zunehmenden Zahl von Menschen nicht mehr verstanden wird. Es geht auch nicht darum, sich Gemeinden anderer Sprache und Herkunft zuzuwenden, weil sie unsere Nächsten wären, die Unterstützung brauchen, oder – andersherum – Kontakt zu deutschen Gemeinden aufzunehmen, um in deren Kirchräumen eigene Gottesdienste feiern zu können.[21] Es geht um den eigenen Glauben, dessen Bedeutung und Wegweisung in seiner stets eigentümlich Begrenztheit nie vollständig, sondern wesentlich auf Kommunikation aus ist; ökumenisch und in wohlverstandenem Sinne missionarisch. Im frommen „Bibelteilen"[22] kann man diese Erfahrung sehr leicht machen, dass wir die Bedeutung des Wortes Gottes miteinander in weit mehr Bedeutungsfacetten erfassen, als wir es alleine könnten. Der damit verbundene gemeindebildnerische Anspruch geht aber weiter: Er zielt darauf, mit der biblischen

---

[20]   Die Implikation dieses Gedankens für den interreligiösen Dialog als religiöse Pflicht kann hier nicht weiter verfolgt werden. Nur so viel: Der Missionstheologe Walter Freytag hat die Auffassung vertreten, dass eine andere Religion nur dann angemessen verstanden worden sei, wenn man den Impuls verspüre, zu konvertieren. Ließe sich entsprechend formulieren, dass man seinen Glauben dann umso angemessener verstanden hat, wenn man im Gespräch mit anderen Religion der Schönheit des eigenen Glaubens gewahr wird?

[21]   Ein Interesse, das dann bei zunehmender Etabliert- und Arriviertheit der Gemeinden sichtlich erlahmt.

[22]   Vgl. *Oswald Hirmer/Georg Steins:* Gemeinschaft im Wort. Werkbuch zum Bibel-Teilen, München 1999.

Sprache das eigene Erleben glaubend begreifen zu lernen. Das Erlebte zur Erfahrung im Glauben machen zu können, mich selbst als Glaubenden, als Christen zu verstehen und die Geschichte eben weiterzuschreiben.

In diesem Zusammenhang verdienen insbesondere die vielen lokalen ökumenischen Bibelkreise eine besondere Wertschätzung. Wünschenswert wäre, wenn diese in unserer zunehmend globalisierten Gesellschaft über die römisch-katholisch–evangelischen Nachbarschaften hinaus auf Gemeinden anderer Sprache und Herkunft ausgeweitet würden. Und das nicht trotz, sondern mit den damit verbundenen Sprachschwierigkeiten, die eben auch ein durchaus kreatives, erweitertes Verstehen des Textes verheißen, auf die sich die Gruppen und Einzelnen gemeinsam beziehen. Die Bibel ist der Grund und der Brennpunkt der vielen Verständnismöglichkeiten und darum Trägerin der Einheit in biblischer und also auch reicher kirchlicher Vielfalt von der frühen Kirche her.[23]

Zwar geht die auf Ernst Käsemann zurückgehende These zu weit, wenn sie den biblischen Kanon in seiner an Widersprüchlichkeiten grenzenden Vielfalt als Grund der konfessionellen Vielzahl bezeichnet. Mit Küng präzisiert Böttigheimer die Formulierung Käsemanns dahingehend, dass die Vielfalt des Kanons nicht Grund, sondern nur Anlass der *hairesis* sei, die die Einheit der Kirche auflöse.[24] Die kanonische Vielfalt „legitimiert nicht die Kirchenspaltungen, vielmehr realisiert sich die Kirche als Gemeinschaft verschiedener Gemeinschaft" eben aufgrund (d. i. auf dem Grund) des biblischen Kanons. „Darum kann auch die Einheit der Kirche keine von oben her verordnete Uniformität bedeuten, sondern muss aus dem Reichtum der Kirchen erwachsen. Von ihnen ist so wenig an konsequenter Einheitlichkeit zu fordern, wie sich der Kanon durch eine Vielfalt theologischer Positionen und Konzeptionen auszeichnet."[25]

Die Bibel als das ursprüngliche, das fundamentale Zeugnis des apostolischen Glaubens[26] steht im Mittelpunkt der Ökumene. Das Christentum ist in diesem besonderen Sinne Schriftreligion. Die Überlieferung des Wortes Gottes, facettenreich in seinen Übersetzungen in die Sprachen der Welt

---

[23] Vgl. *Christoph Böttigheimer:* Die eine Bibel und die vielen Kirchen. Die Heilige Schrift im ökumenischen Verständnis, Freiburg/Basel/Wien 2016, 184.
[24] Vgl. ebd., 186 f.
[25] Ebd., 189.
[26] Ebd., 265: „Die Autorität des Wortes Gottes und der Schrift wird die der Apostel zugeordnet und untergeordnet, sind doch die Apostel als authentische Interpreten der ersten Stunde (Apg 2,42; 16,4; 2 Petr 3,15 f) selbst quasi ein idealer Kanon des Glaubens".

und der Fülle der kulturellen Ausdrucksformen der Frömmigkeit, ist stets auf das ursprüngliche Zeugnis des apostolischen Glaubens bezogen, das aber selbst pluriform ist.

Das Christentum ist darum von Anbeginn an Traditions- und Interpretationsgemeinschaft der Präsentationsformen des Wortes Gottes.[27] Zum einen bedeutet das, der konfessionellen Traditionsbildung Legitimität zuzusprechen. Zum anderen aber auch, in der Ausrichtung auf die Grundlage des Glaubens, eine Selbstrelativierung der Konfessionen anzuerkennen.

Mit Konrad Stock kann Glaubenseinheit als Ausdruck der „ursprünglichen Lebensform der Christusgemeinschaft" aufgefasst werden.[28] Angesichts der von Anfang an bestehenden und aus systematischen Gründen unvermeidlichen Vielgestaltigkeit des apostolischen Zeugnisses ist die Annahme einer solchen ursprünglichen und normativen Form historisch nicht greifbar und ist in einem idealtypischen Sinne zu begreifen. Die Ausrichtung auf den Idealtypus wirkt als regulative Idee ökumenischer Verständigung. Sofern diese das Urzeugnis des Glaubens je hier und heute einzuholen und darzustellen versucht, wie sich Christen in ihrem Leben durch Gottes Geist verstehen und die Wirklichkeit der Welt nach dem Regiment Gottes zu gestalten trachten, bleiben die Kommunikationspartner offen für Kritik ihres Glaubens und ihrer Praxis, ihres Christ- und Kircheseins in seiner Fehlbarkeit.[29] Maßstab dieser Kritik ist die geistvolle Erfahrung, die durch die Bibel ermöglicht wird.[30]

Von daher wird die Reserviertheit Konrad Stocks der hier vertretenen Vorordnung des Kontextes dem Text gegenüber verständlich.[31] Die „äußere Klarheit" der Schrift als ursprünglichem Zeugnis des Glaubens, ihr „Eigensinn", sei als Bedingung des geistgewirkten Verstehens ernst zu neh-

---

[27] Vgl. dazu *Stock,* Systematische Theologie. 610. Mit diesem Verständnis ist sowohl eine Normierung des Wortes Gottes in Form von Tradition und Lehramt als auch durch einen „Bibelglauben" abgewiesen. Vgl. ebd., 581.
[28] Vgl. ebd., 594.
[29] Vgl. ebd., 594.
[30] Vgl. zur Heiligen Schrift als kritischem Prinzip *Stock,* Systematische Theologie, 583 ff, insbesondere zu den im II. Vatikanum erfolgten Ansätzen einer Öffnung für das Schriftprinzip, ebd., 589 ff. Dazu vgl. aus der römisch-katholischen Theologie *Böttigheimer,* Die eine Bibel und die vielen Kirchen, 240 ff und – mit kritischen Anmerkungen an das protestantische Schriftprinzip – 273 ff, die im Kern auf den hier vertretenen rezeptionsästhetischen Ansatz zurückgreifen (vgl. 276 f). Die als virulent diskutierte Infragestellung objektiv-literaler Bedeutung kann im Folgenden nur in Grundzügen diskutiert werden.
[31] Vgl. *Stock,* Systematische Theologie, 616 f.

men.[32] Es ist darum wichtig festzuhalten, dass der rezeptionsästhetische Ansatz den Text nicht beliebig werden lässt. Es ist sein Kontext, historisch ebenso wie in seiner zentralen Stellung für die Interpretationsgemeinschaft, der Deutungen sachlicher Kritik zugänglich macht. Helmut Utzschneider macht deutlich, wie dem Verständnis des Textes durchaus Grenzen gesetzt sind.[33] Die *intentio operis* wird durch einen rezeptionsästhetischen Zugang nicht aufgehoben. Sie kann historisch in der Einordnung in den geschichtlich-kulturellen Kontext des Textes und in der Kongruenz der Deutung zum Text mit anderen Deutungen desselben Textes gefunden werden.[34] Der poetische und insofern auf besondere Weise produktionsästhetisch ebenso präzise wie rezeptionsästhetisch offene Charakter religiöser Sprache aber widerspricht weitgehend Versuchen der Festlegung *eines* Literalsinns, der eine äußere Form ist, der sich Gott in seiner Offenbarung eben je und je frei bedient.

Auch Böttigheimer treibt das Problem authentischer Schriftauslegung als einem Bleiben in der Wahrheit um. Er hebt deshalb mit Ulrich Luz die Bedeutung einer autoritativen Schriftauslegung hervor.[35] Demgegenüber scheint mir der Problematik mit der Verortung der Verstehensbemühung in der ökumenischen Gemeinschaft ausreichend entsprochen zu sein.[36] Authentisches, Glauben suchendes und darstellendes Bibellesen und -verstehen fragt ebenso sehr von der Kirche her nach dem rechten Schriftver-

---

[32] Vgl. ebd., 653.
[33] *Helmut Utzschneider:* Gottes Vorstellung. Untersuchungen zur literarischen Ästhetik und ästhetischen Theologie des Alten Testaments, Stuttgart 2007 (BWANT; 175), 78 ff.
[34] Die Frage nach dem „Verhältnis des K(anons) zu anderen (Heils-)Medien", die insbesondere Klaas Huizing verfolgt, stellt sich hier nicht unmittelbar. Vgl. *Klaas Huizing:* Art. Kanon III. Fundamentaltheologisch, RGG⁴, 770 f.
[35] *Böttigheimer,* Die eine Bibel und die vielen Kirchen, 289 und 282.
[36] Es sprengt den Rahmen dieser Überlegungen, ausführlich auf die anschließende Frage nach der normativen Bedeutung von Bekenntnissen einzugehen. Stock spricht von Lehrbekenntnissen und betont in Übereinstimmung mit dem römisch-katholischen Bibelwissenschaftler *Rudolf Pesch* die Notwendigkeit der Lehre. Pesch schreibt: „Bedingung des Verstehens der Bibel ist nicht schon das Lesenkönnen; private Schriftlektüre ist noch keine hinreichende Bedingung dafür, daß dem Leser auch der Sinn der Schrift aufgeht. Die Schrift ist das Zeugnis eines ,Weges', der Geschichte Gottes mit seinem Volk; und es bedarf zu ihrem Verständnis eines des Weges Kundigen, der ihren Sinn aufschließt" (Zitat bei *Böttigheimer,* Die eine Bibel und die vielen Kirchen, 261). Aber man denke an den Schlang ... Im Horizont des hier verfolgten Ansatzes liegt es, anstelle des belehrenden stärker den reflexiv-unterrichtlichen Charakter von Bekenntnissen und der Systematischen Theologie insgesamt zu betonen.

ständnis, wie es die Frage nach der Kirche durch den biblischen Text aufwerfen lässt.[37] In dieser Balance zwischen biblischer Selbstvergewisserung und biblischer Selbstkritik erfährt das individuelle Verstehen der religiösen Sprache und ihr poetischer Ausdruck kommunikative Anerkennung oder wird von der ökumenischen Interpretationsgemeinschaft als unbiblisch abgewiesen.[38]

Was von der Bildung des biblischen Kanons als Urtext des Glaubens zu sagen ist, gilt auch für die Akzeptanz einer (anderen) Schriftauslegung als authentischem Ausdruck biblischen Glaubens. „Die Kanonisierung apostolischer Schriften beruhte ... auf der in den Anerkennungs- und Rezeptionsprozessen gemachten Erfahrung, dass *diese* Texte eine besondere Affinität zu dem haben, was in ihnen als Wort Gottes in Erscheinung tritt."[39] Das wirkt ihre geistliche Autorität, die die Kirche gründet (*creatura verbi*), die diese aber nicht festzulegen vermag. Entsprechend war die Kanonbildung ein dynamischer und ist grundsätzlich weiterhin ein offener Prozess. „Im Grunde", bzw. präziser formuliert *faktisch* „hat jede christliche Kirche ihre Heilige Schrift", was für sich genommen aber nicht kirchentrennend ist.[40] Denn wie schon die Pluriformität biblischer Schriften „auf der Kanonebene als verfestigter Dialog verstanden werden" kann, können die ökumenischen Dialoge als biblische Verstehensbemühungen gestaltet werden, deren Unabschließbarkeit „in der Uneinholbarkeit des Inhalts angemessen erscheint".[41]

Wir verstehen die biblischen Texte immer nur annäherungsweise und verstehen sie in ihrer Bedeutung und Wegweisung umso besser, je mehr wir miteinander lesen, Unverständnis sowie andere Lesarten teilen und darüber zu einem besseren, umfänglicheren Verständnis des Wortes Gottes kommen. Das Bemühen um das rechte Verständnis des biblischen Textes, der Leben verheißenden Gebote bedarf der Kommunikation synchroner Lektüren mehr als die historisch-kritische Exegese. Denn diese trägt allein reichlich wenig dazu bei, zu erkennen, was Gottes Wort uns *heute* sagt. Der Streit um das Verständnis des biblischen Textes, die rechte Artikula-

---

[37] Vgl. mit Bezug auf Michael Weinrich bei *Böttigheimer*, Die eine Bibel und die vielen Kirchen, 301 f.

[38] Vgl. 1. Kor 14,12-19.

[39] *Böttigheimer*, Die eine Bibel und die vielen Kirchen, 111 (Hervorhebung K. H.).

[40] Ebd., 355. Vgl. dazu auch die spitze Kritik am Kanon der Lutherübersetzung, die *Böttigheimer* in Analogie zur Vulgata setzt, 139.

[41] *Christoph Domen* und *Georg Steins* im Zitat bei *Böttigheimer*, Die eine Bibel und die vielen Kirchen,174.

tion des christlichen Glaubens und die handlungsleitende Orientierung ist Bestandteil der Interpretationspraxis. Sie zielt auf Konsense hinsichtlich des Christusglaubens.[42] Diese mögen ihrerseits Ausdruck in ökumenischen Erklärungen und auch neuen Bekenntnissen finden. Verheißungsvoller als die Diskussion von Lehraussagen im Rückgriff auf die Bibel erscheint aktuell allerdings das Bibellesen selbst, das ernst damit macht, dass es das ursprüngliche Offenbarungszeugnis ist, das letztendlich Konsense als Zeugnisse einer zu Grunde liegenden gemeinsamen Wahrheit stiftet.[43]

Wie die Tiefenbohrungen in divergente Lehrentscheidungen der Vergangenheit, belassen auch gewissermaßen oberflächliche Besuche in fremdsprachlichen oder konfessionskulturell fremden Gottesdiensten einander weitgehend in der Andersartigkeit. Der Rekurs auf den allen Unterschieden zugrunde liegenden gemeinsamen biblischen Text birgt demgegenüber die direktere Verheißung einer geistgewirkten Verständigung, als das Gespräch über die Theologie des Amts und kirchlicher Gemeinschaft. Eine erneute Schrifthinwendung alleine reicht gewiss nicht aus, Konfessionsgrenzen aufzuheben; „als zu dominant erweist sich das Überlieferungsproblem wie etwa die Primatsfrage zeigt. Dennoch aber darf es hoffnungsfroh stimmen, dass alle christlichen Kirchen von der Offenbarung Gottes ausgehen und sich von ihr her verstehen, so wie sie in den biblischen Büchern bezeugt wird. Gottes Wort ist das Fundament und die Quelle, aus der sich alle Konfessionskirchen speisen. Dieses gemeinsame Band bildet eine ökumenische Basis, die nicht überschätzt werden kann."[44]

---

[42] Siehe *Stock,* Systematische Theologie, 603.
[43] Vgl. ebd., 597, im Rekurs auf Schwöbel. Vgl. aus der Praxis ökumenischer Verständigung aber auch das Vorwort der Charta Oecumenica, auf die Böttigheimer mit Recht verweist; vgl. 42.
    Die hier eingenommene kritische Perspektive auf Lehrgespräche ist mit dem Verweis auf die Charta Oecumenica nicht als deren Ablehnung zu verstehen. Im Unterschied zu ökumenischer Bibelarbeit werden die entsprechenden Diskussionen an der gemeindlichen Basis aber jedenfalls in Deutschland nicht mehr nachvollzogen, sie sind nicht mehr nachvollziehbar. Ihnen bleibt von daher durchaus auch die Beachtung verwehrt, die die entsprechenden aktuellen kirchenoffiziellen Dokumente (vgl. aktuell insbesondere Die Kirche. Auf dem Weg zu einer gemeinsamen Vision. Eine Studie der Kommission für Glauben und Kirchenverfassung des Ökumenischen Rates der Kirchen, Gütersloh 2014) und engagierte Anstöße (vgl. z. B. *Hans-Georg Link:* Die un-vollendete Reformation: Zur konziliaren Gemeinschaft von Kirchen und Gemeinde, Leipzig und Paderborn 2016) verdient hätten.
[44] *Böttigheimer,* Die eine Bibel und die vielen Kirchen, 354.

Das ökumenische Bibellesen weist indirekt einen Weg, Lehrdifferenzen als Unterschiede im Verstehen des Wortes Gottes zunächst besser zu verstehen und den kirchentrennenden Charakter von Lehrdifferenzen zu überwinden bzw. auf der Ebene eines biblischen Grundkonsenses zu unterlaufen.[45] Ob die Kommunikation mit anderen überhaupt möglich ist, ob der individuelle und kulturspezifisch geprägte Gebrauch der selben Textzeichen intersubjektiv, interkulturell und in vielsprachigen Übersetzungen funktioniert, hängt – wie gesagt – von einem gemeinsamen Zeichensystem ab; letztlich von einer globalen Kultur und sei es die des Kapitalismus. Religionen im Allgemeinen, das Christentum im Besonderen können als eine solche, aber wesentlich humane globale Kultur verstanden werden, die Einzelne im selben Geist verbindet und einander als Nächste bzw. mehr noch als Geschwister erkennen lässt.[46] In globalisierten Gesellschaften wie der unseren ist der mit dem Schlagwort Interkulturelle Öffnung verbundene Prozess darum ein Gebot der Stunde.[47] Damit ist muttersprachlichen Gottesdiensten und auch kulturell eigenständigen Gemeinden nicht die Berechtigung abgesprochen. Ganz im Gegenteil. Aber die Forderung der Überwindung der Fixierung auf den eigenen Text greift eben auch hier. Es geht um eine bewusste Kontextualisierung. Es geht darum, die (volks-)kulturelle Prägung zu übersteigen in den globalen Kontext hinein. Es geht um die Herausforderung, mit anderen Christinnen und Christen, Kirchen anderer Konfession und Gemeinden verschiedener Sprachen und Herkunft vor Ort, Kontakt aufzunehmen und miteinander danach zu fragen, was das für Gebote sind, die Gott uns, die wir Knechte des Pharaos in Ägypten waren, bis der HERR führte uns aus Ägypten mit mächtiger Hand, geboten hat. Solches ist notwendig, wenn wir – wir alle – sein wollen, was wir dem biblischen Text nach sind, nämlich im Zusammenhang. Wir bleiben was wir in unseren Kontexten sind, aber sind, was wir als Christen sind, doch deshalb, weil wir eine gemeinsame biblische Geschichte haben und zu

---

[45]   Vgl. ebd., 185.

[46]   Zum noch wenig reflektierten Phänomen der Globalisierung von Religion vgl. praktisch-theologisch bzw. religionspädagogisch wegweisend *Henrik Simojoki:* Globalisierte Religion. Ausgangspunkte, Maßstäbe und Perspektiven religiöser Bildung in der Weltgesellschaft, Tübingen 2012, 12.

[47]   Vgl. aus der praktisch-theologischen Forschung *Stefan Heinemann:* Interkulturalität. Eine aktuelle Herausforderung für Kirche und Diakonie, Göttingen 2012. Siehe exemplarisch aus der kirchlichen Praxis auch *Evangelische Kirche im Rheinland* (Hg.): In Vielfalt leben. Werkbuch für Interkulturelle Öffnung in der Evangelischen Kirche im Rheinland, Düsseldorf 2015.

einer globalen, ökumenischen Gesellschaft gehören, die unsere sprachliche und kulturelle Verortung transzendiert.[48]

Ulrich Körtner schreibt: „Das Wort ‚Christus'verstehen heißt dem Richtungspfeil seines Sinnes zu folgen. Dieser Pfeil schießt über den Wortlaut jedes biblischen Textes hinaus. ‚Hermeneutik' – so Odo Marquard – ‚ist die Kunst, aus einem Text herauszukriegen, was nicht drinsteht'. ... Das gilt auch für die biblischen Schriften ... . Was in den Texten geschrieben steht, ist das Wort ‚Christus' in unterschiedlichen sprachlichen Verbindungen. Die mit ihm benannte Wirklichkeit aber, das *Vonwoher* (und ich ergänze: das Voraufhin; K. H.) gläubiger Existenz in der Gemeinschaft der Glaubenden, steht nicht in den Texten selbst, sondern ist zwischen den Zeilen je und je neu im Ereignis des Lesens und Verstehens zu entdecken."[49] Von Fr. Roger heißt es: „Wir sind alle unterwegs zur Kirche Christi und seiner Botschaft!". Im hier entfalteten Verständnis also dem Richtungspfeil seines Sinnes folgend, offen für gegenwärtiges Verstehen des Wortes Christus als verheißungsvoller, weil bedeutungsoffener Perspektive der Ökumene.

Kai Horstmann

(Dr. Kai Horstmann ist Privatdozent für Praktische Theologie an der Universität des Saarlandes und Pfarrer im Gemeindedienst für Mission und Ökumene der Region Köln – Bonn.)

---

[48] „Gewiss, wer da behauptet, eine globale Identität sei ... zu abstrakt, ist offenbar noch nie einem Menschen von römisch-katholischem Glauben begegnet. Und wenn heute der Unternehmensmanager der neue Weltbürger ist, dann ist es auch der Umweltschützer. ... Viele Menschen haben im Namen der internationalen Solidarität gekämpft und manchmal auch ihr Leben lassen. Gemeinschaften sind nicht einfach Lokalangelegenheiten." *Terry Eagleton:* Was ist Kultur, München ²2001, 87.

[49] *Körtner,* Der inspirierte Leser, 106.

Gestern – heute – morgen

Auf sein 20-jähriges Bestehen konnte der *Internationale Anglikanisch/Altkatholische Koordinierungsrat (AOCICC)* bei seiner diesjährigen Tagung in Winchester (England) vom 22. bis 26. Mai zurückblicken. Der Rat war bei seiner sechsten Sitzung im laufenden Mandat (2013–2019) zu Gast bei der Anglikanischen Kirchengemeinschaft. Das Gremium fühlte sich nach eigenem Bekunden „angespornt durch den substanziellen Erfolg einer Umfrage über die anglikanischen und altkatholischen Gemeinden auf dem europäischen Kontinent, die ein hohes Maß an Zusammenarbeit und Initiativen auf Ortsebene aufzeigt". Positiv verbuchte es auch die weite Verbreitung der Broschüre *"Anglicans and Old Catholics together in Europe".* Der Rat wurde in der Folge der Lambeth Konferenz von 1998 durch den Anglikanischen Konsultativrat ACC und die Internationale Bischofskonferenz der Utrechter Union eingerichtet. Die nächste Ratssitzung wird vom 16. bis 19. Januar 2019 in Prag von den Altkatholischen Kirchen der Utrechter Union ausgerichtet.

Das *10. Theologische Gespräch zwischen Vertretern der Deutschen Bischofkonferenz und der Russischen Orthodoxen Kirche* fand vom 19. bis 22. Juni in Hildesheim statt. Es war dem Thema *„Mission und Evangelisierung in der heutigen Gesellschaft"* gewidmet. Die nächste Gesprächsrunde soll im Juni 2020 in Russland stattfinden.

Während ihrer Tagung vom 25.–27. Juni in Buenos Aires hat sich die *ÖRK-Arbeitsgruppe zum Klimawandel* mit dem Konzept des *„gerechten Strukturwandels"* befasst und ihre Beteiligung an der 24. Sitzung der Konferenz der Parteien des Rahmenübereinkommens der Vereinten Nationen über Klimaänderungen (COP 24) geplant. Diese COP findet bezeichnenderweise in der vom Kohlebergbau geprägten Stadt Katowice in Polen statt. Viele Familien in Katowice sind von der Kohleindustrie abhängig.

Der *Rat des Lutherischen Weltbundes* tagte vom 28. Juni bis 2. Juli unter dem Motto *„Umsonst habt ihr's empfangen, umsonst gebt es auch".* Präsident Panti Filibus Musa blickte dabei in seiner Rede auf die zurückliegende zwölfte Vollversammlung und das Reformationsgedenken zurück. Für die Zukunft betonte er die zentrale Bedeutung starker ökumenischer Beziehungen.

Der Generalsekretär des Ökumenischen Rates der Kirchen (ÖRK), Olav Fykse Tveit, sprach auf der *11. Vollversammlung der Gesamtafrikanischen Kirchenkonferenz (AACC),* die vom 1. bis 7. Juli in Kigali (Ruanda) stattfand, über „Die Einheit der ökumenischen Bewegung". Das

Thema der AACC-Vollversammlung war *„Die Würde und Gottes Ebenbild in jedem Menschen respektieren".*

Die Ausstellung *"12 Faces of Hope"* (12 Gesichter der Hoffnung) wurde am 6. Juli in Nottingham im Vereinigten Königreich eröffnet und begleitete die *Generalversammlung der United Reformed Church (URC).* Sie ist Teil der Kampagne *"Seek#JusticeAndPeace in the Holy Land"* des Ökumenischen Rates der Kirchen (ÖRK), die im vergangenen Jahr gestartet wurde und an 50 Jahre Besetzung Palästinas durch Israel erinnern soll.

Die *Lutherisch/Römisch-Katholische Kommission für die Einheit* hat die Arbeit an einem neuen Studiendokument unter dem Titel *„Taufe und Wachstum in der Gemeinschaft"* abgeschlossen. Der Text soll Anfang 2019 veröffentlicht werden. Bei der jüngsten Tagung vom 18. bis 24. Juli in Klingenthal (Elsass) endete damit die fünfte Phase der Kommission, die 2009 begann. Das neue Dokument der Kommission baut auf den früheren Dialogen zu Taufe, Rechtfertigung, Eucharistie und Amt auf.

Vom 21. bis 27. Juli hielt die *United Church of Canada* ihre 43. Generalversammlung (GC 43) unter dem Thema *Glaube riskieren, Hoffnung wagen* (Risking Faith, Daring Hope) in Oshawa, Ontario, ab.

Vom 23. Juli bis 10. August fand im *Ökumenischen Institut Bossey* ein Sommerkurs statt, in dem ein reger Gedankenaustausch über die Schrift, gemeinsame Forschungsprojekte und ein lebendiger Dialog geführt wurde, der unterschiedliche Perspektiven und Ansätze aus Christentum, Judentum und Islam zusammenbrachte und als dessen Abschluss die Studierenden ein Certificate of Advanced Studies (CAS) im Fach interreligiöse Studien erwarben. Der diesjährige Kurs wurde vom ÖRK in Zusammenarbeit mit der Fondation de l'Entre-connaissance in Genf und der Fondation Racines et Sources in Genf veranstaltet. Die Studierenden kamen aus Afrika, Asien, Europa, der Karibik, dem Nahen Osten und Nordamerika. Zuvor nahmen die Studierenden an einem Fernlehrgangsprogramm vom 2. bis 22. Juli teil.

Die *Internationale Jüdisch-Christliche Bibelwoche* feierte am 2. August mit einem Festakt ihr 50-jähriges Jubiläum in Georgsmarienhütte bei Osnabrück. Bei der Bibelwoche treffen sich jährlich rund 130 Juden und Christen aus Deutschland, Großbritannien, den Niederlanden, den USA, Israel und weiteren Ländern. Sie wurde zum ersten Mal 1969 im Hedwig-Dransfeld-Haus im rheinischen Bendorf und von dessen damaliger Leiterin Anneliese Debray und dem jüdischen Theologen und späteren Direktor des Leo Baeck College in London, Rabbiner Jonathan Magonet, veranstaltet.

Unter dem Motto *"On the Move"* – in Bewegung – kamen

zwölf niederländische und zwölf internationale junge Erwachsene vom 21. bis 23. August für einen *Pilgerweg für junge Erwachsene* in den Niederlanden zusammen. Durch das Thema *On the Move* und die drei Unterthemen *moving away* (sich fortbewegen), *dreaming* (träumen) und *moving on* (weitermachen, weiterziehen) wurden die unterschiedlichen Perspektiven und Sichtweisen der Beteiligten aus ihren verschiedenen Kontexten sichtbar. Der Pilgerweg war Teil der Feierlichkeiten des Ökumenischen Rates der Kirchen (ÖRK) anlässlich seines 70-jährigen Bestehens. Die jungen Erwachsenen verbrachten drei Tage zusammen und erkundeten, was es bedeutet, in der ökumenischen Bewegung von heute junge Pilgerinnen und Pilger zu sein.

Mit einem Gottesdienst an seinem offiziellen Gründungsort, der Nieuwe Kerk in Amsterdam, feierte der *Ökumenische Rat der Kirchen (ÖRK)* am 23. August sein *70-jähriges Bestehen*. Vor dem Gottesdienst fand an der Vrije-Universität Amsterdam ein Jubiläums-Symposion unter dem Titel *„Gastfreundschaft auf dem Pilgerweg zu Friede und Gerechtigkeit"* statt. Zudem gab es einen *"Walk of Peace"* durch die Innenstadt Amsterdams, der an mehreren historischen Denkmälern Halt machte, die einen Bezug zu einem der Leitworte des Weltkirchenrats *„Gemeinsam auf einem Weg, im Dienste von Gerechtigkeit und Frieden"* haben.

Unter dem Thema *„Nationen und Kirchen: Ökumenische Antworten auf Nationalismus und Migration"* tagte vom 23.8.–25.8.2018 in Ludwigshafen die *Societas Oecumenica* mit rund 80 Teilnehmer*innen aus etwa 20 Ländern. In mehreren Vorträgen ging es um das Verhältnis von Staat und Nation sowie die ökumenische Problematik von *Migration* und *Nationalismus.* Den Hauptvortrag hielt der katholische, in Vietnam geborene und in den USA lehrende Theologe Peter C. Phan zu *"Migration, Nationalism and Ecumenical Unity: Challenges and Opportunities for the Churches".* In der zeitlichen Struktur nahmen diesmal etwa 30 Kurzvorträge, die parallel stattfanden, einen großen Teil ein. Insgesamt kam es zu einem lebendigen Austausch, der viele Teilnehmer – wie sich in der Abschlussdiskussion zeigte – dazu anregte, sich in Zukunft stärker mit Fragen nach Migration, Nationalismus, Populismus, Patriotismus und deren theologischen Bewertung zu beschäftigen. Die Societas Oecumenica ist die Europäische Gesellschaft für Ökumenische Forschung und vereinigt verschiedene ökumenische Institute und Fakultäten oder sonstige kirchliche und wissenschaftliche Einrichtungen sowie zahlreiche meist wissenschaftlich tätige Ökumeniker* innen.

Mit einem ökumenischen Gottesdienst unter freiem Himmel und einem Festakt beging die Arbeitsgemeinschaft Christlicher Kirchen in

Deutschland (ACK) den diesjährigen *Tag der Schöpfung* am 7. September in Starkow in Nordvorpommern. Er stand unter dem Motto „*Von meinen Früchten könnt ihr leben*". Mitwirkende waren u. a. der Vorsitzende der ACK in Deutschland, Bischof Karl-Heinz Wiesemann (Speyer) und die orthodoxe Theologin Rossitza Dikova-Osthus, die die Predigt hielt. Professor Michael Succow, Biologe und Träger des alternativen Nobelpreises, forderte bei dem anschließenden Festakt in seinem Vortrag, die nachhaltige Landwirtschaft besser zu fördern. Seit dem Jahr 2010 feiert die Arbeitsgemeinschaft Christlicher Kirchen (ACK) in Deutschland jährlich einen ökumenischen Tag der Schöpfung. Dieser Tag wird bundesweit begangen und regt dazu an, das Lob des Schöpfers ökumenisch anzustimmen und gleichzeitig die eigenen Aufgaben für die Bewahrung der Schöpfung in den Blick zu nehmen.

Vom 16. bis 23. September fand die *Weltwoche für Frieden in Palästina und Israel* statt. Der Ökumenische Rat der Kirchen lud Mitgliedskirchen, religiöse Gemeinschaften und zivilgesellschaftliche Organisationen aus der ganzen Welt ein, sich gemeinsam an einer Gebetswoche für einen gerechten Frieden für alle Menschen in Palästina und Israel zu beteiligen. Weltweit sollen Gemeinden und Einzelpersonen ein gemeinsames internationales Zeugnis geben, das auch den *Internationalen Gebetstag für den Frieden* am 21.

September mit einschließt. Das Schwerpunktthema war in diesem Jahr: *Kinder und Jugendliche in Palästina und Israel.*

Auf einer internationalen Konsultation vom 1. bis 6. Oktober in Kingston, Jamaika, wird die *Dekade der Kirchen in Solidarität mit den Frauen* (1988–1998) des Ökumenischen Rates der Kirchen (ÖRK) vor 20 Jahren in Erinnerung gerufen werden. Die Konsultation wird sich mit den Errungenschaften und Herausforderungen beim Aufbau einer gerechten Gemeinschaft für Frauen und Männer befassen, gegenwärtige Entwicklungen beurteilen und die zukünftige Zusammenarbeit stärken. Die Konsultation findet vor dem Hintergrund des 70-jährigen Bestehens des ÖRK und im Rahmen des Pilgerwegs der Gerechtigkeit und des Friedens und der 2030-Agenda für eine nachhaltige Entwicklung statt.

Die deutsche Fassung des Gottesdienstes für die *Gebetswoche für die Einheit der Christen 2019* stehen auf der Website der ACK (www.oekumene-ack.de) zum Download bereit. Eine ökumenische Arbeitsgruppe aus Indonesien hat die Texte für die Gebetswoche 2019 vorbereitet. Sie steht unter dem Leitwort „*Gerechtigkeit, Gerechtigkeit – ihr sollst du nachjagen*" (Dtn 16,20a). Die Gebetswoche für die Einheit der Christen wird jedes Jahr entweder vom 18. bis 25. Januar oder in der Zeit von Christi Himmelfahrt bis Pfingsten gefeiert.

Von Personen

Der neue orthodoxe Metropolit für die Schweiz und Liechtenstein und Exarch für Europa, *Maximos* (Pothos), ist am 18. August in der Kirche St. Paul im Orthodoxen Zentrum des Ökumenischen Patriarchats in Chambésy bei Genf inthronisiert worden. Drei Aufgabenbereiche sind ihm anvertraut: die Metropolitandiözese mit ihren pastoralen Aufgaben, das Orthodoxe Zentrum in Chambésy als Ort der Begegnung sowie das dem Zentrum angegliederte Institut für höhere Studien in orthodoxer Theologie.

Margot Käßmann, ehemalige hannoversche Landesbischöfin und Ratsvorsitzende der EKD, wurde mit einem Festgottesdienst Ende Juni in den Ruhestand verabschiedet.

Wolfgang Hüllstrung, bisher im Landeskirchenamt der Evangelischen Kirche im Rheinland zuständig für den Arbeitsbereich Gemeinden anderer Sprache und Herkunft/ Interkulturelle Öffnung, übernimmt ab 1. September den Arbeitsbereich christlich-jüdischer Dialog. Er ist seit vielen Jahren Mitglied und seit 2014 auch Vorsitzender der Christlich-Jüdischen Gesellschaft für Brüderlichkeit in Koblenz.

Heiner Wilmer wurde am 1. September zum 71. Bischof von Hildesheim als Nachfolger von *Norbert Trelle* geweiht.

Hans W. Kasch ist als Direktor des Zentrums des Lutherischen Weltbunds (LWB) in Wittenberg verabschiedet worden. Kasch wurde 2009 der erste Direktor der neugegründeten Einrichtung. Seine Nachfolgerin wird zum 1. Oktober *Inken Wöhlbrand.*

John Anthony Berry, Dozent für Fundamentaltheologie an der Universität Malta, ist neuer Präsident der Societas Oecumenica, er folgt auf *Ulrike Link-Wieczorek* (Universität Oldenburg).

Paisios Larentzakis, seit 2016 Generalvikar der griechisch-orthodoxen Metropolis von Austria, ist vom Ökumenischen Patriarchat zum Weihbischof der Metropolis mit Sitz in Budapest ernannt worden.

Es vollendeten

das 70. Lebensjahr:

Louis Raphael I. Sako, Patriarch von Babylon mit Sitz in Bagdad, Oberhaupt der chaldäisch-katholischen Kirche, am 28. Juni von Papst Franziskus zum Kardinal ernannt, am 4. Juli;

das 90. Lebensjahr:

Paul-Werner Scheele, deutscher Theologe und Hochschullehrer, von 1975 bis 1979 Weihbischof in Paderborn, von 1979 bis 2003 Bischof von Würzburg, bis zu seinem Ruhestand Vorsitzender der Ökumenekommission der Deutschen Bischofskonferenz und Mitglied der Kommission für Glauben und Kirchenverfassung des Ökumenischen Rates der Kirchen, am 6. April;

Johann Baptist Metz, emeritierter Professor für Fundamentaltheologie und Begründer der „Neuen Politischen Theologie", gilt als einer der bedeutendsten deutschsprachigen Vordenker in der Zeit nach dem Zweiten Vatikanischen Konzil, am 5. August;

Ulrich Wilckens, evangelischer Neutestamentler und von 1981 bis 1991 Bischof des Sprengels Holstein-Lübeck in der damaligen Nordelbischen Evangelisch-Lutherischen Kirche, am 5. August.

Verstorben sind:

Jean-Louis Tauran, Kurienkardinal und Leiter des Päpstlichen Rates für den Interreligiösen Dialog, im Alter von 75 Jahren, am 5. Juli;

Andreas Schindler, seit 2012 Präses der Landessynode der Evangelischen Landeskirche Anhalts und Direktor der Kanzler von Pfau'schen Stiftung Bernburg, im Alter von 64 Jahren, am 12. Juli;

Katie Geneva Cannon, Professorin für christliche Sozialethik am Union Presbyterian Seminary in Richmond, war die erste afroamerikanische Frau, die in der United Presbyterian Church (USA) ordiniert wurde, im Alter von 68 Jahren, am 8. August;

Germanos Atanasyadis, Metropolit von Theodorupolis (Safranbolu) in der türkischen Schwarzmeerregion, im Alter von 87 Jahren, am 10. August;

Marie Bassili Assaad, von 1980 bis 1986 Stellvertretende ÖRK-Generalsekretärin, im Alter von 96 Jahren, am 30. August;

Toshihiro Takami, ordinierter Pfarrer der Vereinigten Kirche Christi in Japan, von 1962 bis zur Gründung des Asian Rural Institute (ARI) 1973 Leiter des Südostasiatischen Seminars für ländliche Evangelisation, im Alter von 91 Jahren, am 6. September.

Zeitschriften und Dokumentationen

I. Ökumenische Bewegung

Monica Schreiber, Die Rolle der Kirchen in europäischen Verständigungsprozessen angesichts aktueller Herausforderungen, M K Of Inst 3/18, 47–51;

Elisabeth Dieckmann, „Wir verpflichten uns …". Selbstverpflichtungen und ihre Bedeutung für die Ökumene, US 3/18, 178–190;

Bernd Jochen Hilberath, Wie lange noch, Herr? (Ps 13,2a). Wie lange noch, ihr Herren?, ebd., 205–215;

Oliver Schuegraf, „Was Sie getan haben, haben Sie für uns alle getan". Zur jüngsten Erfolgsgeschichte der Gemeinsamen Erklärung zur Rechtfertigungslehre, ebd., 191–204;

Jochen Wagner, Zwischen Begeisterung und Ernüchterung. Anmerkungen zur aktuellen Situation der Ökumene aus freikirchlicher Sicht, ebd., 216–226;

Bernd Oberdorfer, Der Weg ist (nicht?) das Ziel. Was folgt auf die „Gemeinsame Erklärung zur Rechtfertigungslehre"?, ebd., 227–243;

Wolfgang Beinert, „Humanae vitae" – eine Enzyklika unter ökumenischer Perspektive, Catholica 1/2/18, 72–90;

Stefan Kopp, Liturgie und Ökumene aus katholischer Perspektive, ebd., 120–133;

Heinrich Bedford-Strohm, „Zeugnis der Einheit". Rede zur Jubiläumsfeier des ÖRK am 23. August in Amsterdam, KNA-ÖKI 35/18, Dokumentation XI–XII;

Olav Fykse Tveit, „Die Liebe Christi drängt uns." Predigt in Amsterdam zum 70-jährigen Bestehen des Weltkirchenrats, ebd. 36/18, Dokumentation I–III.

II. Aus der Altkatholischen Kirche

Angela Berlis, Die Herausforderung durch die Anderen. Bericht über die 45. Internationale Altkatholische Theologenkonferenz, IKZ 2/18, 73–84;

Charlotte Methuen, A view from without: Reflections on the Old Catholic Church from an Anglican Perspective, ebd., 136–159;

Justina C. Metzdorf, „Was ist das?" Das biblische Manna in der geistlichen Exegese der Kirchenväter, IKaZ 4/18, 333–342.

III. Pfingstbewegung

Werner Kahl, Geisterfahrung als Empowerment. Transformationsprozesse innerhalb der weltweiten Pfingstbewegung mit einem Fokus auf Westafrika, ThGespr 3/18, 111–128;

Peter Zimmerling, Pfingstlich-charismatische Theologie im Spiegel neuerer Veröffentlichungen. Eine Bereicherung aktueller theologischer Diskurse, ebd., 129–140;

Bernhard Olpen, Pfingstkirchliche Frömmigkeit und ihre Praxis im Wandel, ebd., 141–151.

IV. Weitere interessante Beiträge

Thomas-Andreas Pöder, Die Bedeutung Europas für osteuropäische Minderheitskirchen am Beispiel der evangelisch-lutherischen Kirche Estlands, MDKonfInst 3/18, 51–55;

Athina Lexutt, „Damit allein tröste ich mich, darauf baue ich, da steht meine Hoffnung, da will ich mich lassen finden". Martin Luther und die Hoffnung, EvTh 4/18, 246–263;

Gerard den Hertog, An den Frieden glauben!? Die Entstehung von Iwands Friedenstheologie aus seiner Seelsorge in der Not und der Anfechtung der ersten Nachkriegsjahre, ebd., 280–297;

Christian Link, Der Streit um das Menschenbild. Der Konflikt zwischen Wissenschaft und Lebenswelt in biblischer Perspektive, ebd., 298–311;

Kirche und Kirchengemeinschaft. Gemeinsamer Bericht von GEKE und Päpstlichem Einheitsrat (Teil 1), ebd. 37/18, Dokumentation I–XVI.

V. Dokumentationen

Eine aktualisierte *Neuauflage der Christlichen Patientenvorsorge* ist gemeinsam von der Deutschen Bischofskonferenz, der Evangelischen Kirche in Deutschland (EKD) und der Arbeitsgemeinschaft Christlicher Kirchen in Deutschland (ACK) veröffentlicht worden. Diese berücksichtigt die jüngsten gesetzlichen Veränderungen ebenso wie Fragen aus der Anwendungspraxis. Seit 1999 geben die Kirchen gemeinsam die Christliche Patientenvorsorge heraus. Bisher sind 4,65 Millionen Exemplare gedruckt worden. Die aktualisierte Neuauflage der Christlichen Patientenvorsorge umfasst vier Bereiche für eine selbstbestimmte Vorsorge: die Vorsorgevollmachten, die Betreuungsverfügung, die Patientenverfügung, die Äußerung von Behandlungswünschen. Neu ist gegenüber den vorhergehenden Auflagen, dass die Möglichkeiten der Vorsorgevollmacht erweitert wurden. Deshalb sind jetzt drei verschiedene mögliche Vorsorgevollmachten enthalten: die Vorsorgevollmacht in Gesundheits- und Aufenthaltsangelegenheiten, die Vorsorgevollmacht zu Totensorge, Organspende und Bestattung, die Generalvollmacht in den übrigen Angelegenheiten, die insbesondere eine vermögensrechtliche Bevollmächtigung ermöglicht und auch über den Tod hinaus gilt. Zu bestellen unter versand@ekd.de und www.dbk.de.

Neue Bücher

AUF DEM WEG ZUR EINHEIT?

Johannes Oeldemann, Ökumene nach 2017… auf dem Weg zur Einheit? Evangelische Verlagsanstalt/Bonifatius Verlag, Leipzig/Paderborn 2018. 128 Seiten. Pb. 14,90 EUR.

Fluteten zum Reformationsjahr 2017 unzählige Titel zur Ökumene den Büchermarkt, sieht die bisherige Ausbeute nach 2017 eher mager aus. Dabei sollte es eigentlich nach dem zu Recht ökumenisch begangenen Reformationsgedenken und den zahlreichen gegenseitigen Verpflichtungen nun auch zu weiteren Klärungen und konkreten Schritten kommen. Johannes Oeldemann, Direktor am Johann Adam Möhler-Institut für Ökumenik in Paderborn, hat mit dem schmalen Bändchen „Ökumene nach 2017" einen gewichtigen Aufschlag gemacht. Oeldemann ist es gelungen, eine Art ökumenisches Kompendium für die Weiterarbeit vorzulegen. Dabei verfällt er nicht der Versuchung, im larmoyanten Ton die verpassten Chancen zu referieren. Die Stärke seines Resümees liegt in den konkreten Vorschlägen, die er geordnet nach verschiedenen Perspektiven anhand der Ergebnisse des Reformationsjahres macht. Es sind insgesamt sieben Bereiche, in denen Oeldemann den bisherigen Stand zusammenfasst, die wichtigsten Texte des Jahres 2017 zitiert und konkrete Punkte zur Weiterarbeit vorschlägt. Dabei hat Oeldemann sowohl Gemeinden und Bistümer als auch die Kirchen insgesamt im Blick. Die Vorschläge sind an vielen Stellen nicht neu – beispielsweise die Ergebnisse ökumenischer Dialoge durch „Gemeinsame Erklärungen" zu sichern (60) oder ökumenische Partnerschaftsvereinbarungen abzuschließen (44), aber sie erhalten durch die aufgezeigten Perspektiven in den Kapiteln eine neue Brisanz. Gleichwohl überrascht Oeldemann auch mit weiteren Ideen: z. B. die Erarbeitung einer „Gemeinsamen Feier zur Taufe" (45), die Zusammenlegung der bislang noch getrennten Gebetstage für verfolgte Christen (69), das Angebot von ökumenischen Glaubensgesprächen für Suchende (82) oder die Einladung von ökumenischen Beobachtern und vieles andere mehr.

Vieles mag den ökumenisch Gesinnten einleuchten, in der Praxis liegt das meiste jedoch noch in weiter Ferne. Würde das beherzigt, was Oeldemann in dem lesenswerten Band zusammengefasst hat, würde es auch tatsächlich weitergehen mit der Ökumene nach 2017.

Marc Witzenbacher

Regine Kellermann, Interkulturelle Kommunikation und die Einheit der Kirche. Untersucht am Beispiel der Vielfalt im Lutherischen Weltbund. Evangelische Verlagsanstalt, Leipzig 2018. 456 Seiten. Kt. EUR 48,00.

„Einheit kann es nur geben, wo Christen Unterschiede anerkennen können, wo [die einen] die anderen trotz des Leidens aneinander als christliche Geschwister betrachten können oder wo sie – idealerweise – sogar entdecken können, dass die Wahrheit des anderen ebenso berechtigt sein kann wie die eigene Wahrheit" (5). Bereits im Vorwort wird der Leitgedanke dieser an der Universität Augsburg eingereichten Promotionsschrift deutlich. Mit der Verhältnisbestimmung von Einheit und Vielfalt stellt sich die Vf. einer zentralen Herausforderung der Ökumene, egal ob es um die Beziehung zwischen oder innerhalb der Konfessionsfamilien geht. Ihr Lösungsansatz zur Bearbeitung dieser ökumenischen Aufgabe lautet: Interkulturelle Kommunikation auf Augenhöhe. Durchgespielt wird ihre These am Beispiel des Lutherischen Weltbundes (LWB), genauer hin am innerlutherischen Diskussionsprozess über „Familie, Ehe und menschliche Sexualität". Doch die aufgeworfenen Fragen haben weit darüber hinaus Relevanz, da die Einheit anderer Kirchen (z. B. der Anglikanischen Gemeinschaft oder der weltumspannenden United Methodist Church) durch ähnliche Probleme bedroht ist.

Angesichts dieser Ausgangslage ist es ein ökumenisches Verdienst, dass sich die Vf. dieser schwierigen und vielschichtigen Thematik angenommen und sie mit großer interdisziplinärer Weite bearbeitet hat: Die Studie untersucht zunächst, welche Schwierigkeiten einer Verständigung zwischen Kirchen aus verschiedenen Kulturen im Weg stehen können. Hier werden Begriffe wie Mission, Orientalismus und Rassismus vorgestellt und diskutiert. Anregungen aus dem Postkolonialismus, den Cultural Studies und dem Konstruktivismus aufnehmend sucht die Vf. dann nach Möglichkeiten, „auf Augenhöhe zu gelangen", um Privilegien des „Westens" und ungerechte Machtstrukturen zu überwinden. Die nächsten beiden Kapitel gehen der Frage nach, welche Impulse aus dem interreligiösen Dialog und der Ökumene sich auch als hilfreiches und weiterführendes Handwerkszeug für die innerkonfessionelle Verständigung erweisen können. Es folgen Überlegungen zu den Phänomenen Kultur und Religion und ihrem Verhältnis zueinander. Ein ekklesiologisches Kapitel beleuchtet die Frage von Einheit und Vielfalt innerhalb der Kirche. Unter der Überschrift „Interkulturelle Verständigung" werden anschließend unterschiedliche Konzepte der Kommunikation und der Bearbeitung von Kommunikationsstörungen vorgestellt und auf ihre Relevanz für innerkirchliche Diskurse beleuchtet. Nachdem kurz Geschichte und Strukturen des LWB vorgestellt wurden, zeichnet die Vf. die kontroversen LWB-Diskussionen zum Umgang mit Homosexualität nach. Ihre leitende Frage ist dabei, auf welche Art und Weise in diesem Prozess miteinander kommuniziert wurde und ob dabei gelingendes Zuhören und Miteinandersprechen möglich waren. Das letzte Kapitel schließlich überträgt die konzeptionellen, theologischen, methodischen und pädagogischen Überlegungen der ersten acht Kapitel auf den Verlauf dieses LWB-Prozesses und entwickelt Vorschläge, wie die interkulturelle Kommunikation im LWB verbessert werden könnte.

Veranschaulicht werden die Überlegungen immer wieder durch Praxisbeispiele aus der Evangelisch-Lutherischen Kirche in Bayern, der Heimatkirche der Vf., sowie der Evangelischen Jugend München, für die sie von 2007 bis 2016 als Referentin für Internationale Jugendbegegnung und Interkulturelle Bildung tätig war.

Besonders zu würdigen ist an dieser Studie der weite Blick über den kirchlichen Tellerrand hinaus. Der Fokus wird nicht vorschnell auf innerkirchliche Diskussionen verkürzt. Vielmehr sichtet die Vf. auch eine Fülle an Konzepten, Phänomenen und Forschungsdebatten jenseits des theologischen Diskurses. Positiv zu erwähnen ist, dass dabei

meist auch Stimmen des Globalen Südens zu Wort kommen. Wohltuend ist zudem, dass die Vf. Kirchen des „Nordens" und des „Südens", „Konservative" und „Liberale" gleichermaßen in die Pflicht nimmt, einseitige Schuldzuweisungen vermeidet und für mehr Verständnis auf beiden Seiten wirbt. Immer wieder geht es ihr um die Stärkung von interkultureller Kompetenz, die sie als ein Subsystem der allgemeinen Kommunikationskompetenz versteht: „Interkulturelle Verständigung ist ein Prozess, der zwischen Verstehen und Anerkennung der bleibenden Fremdheit bzw. der Unmöglichkeit von Verstehen changiert. Ziel ist einerseits, so weit möglich, ein besseres gegenseitiges Verstehen zu bewirken, andererseits ein Einverständnis darüber, dass und an welchen Punkten man sich fremd bleiben wird. Die Anerkennung des Fremdbleibens kann neue Fragen an das Gegenüber aufwerfen, die weitere Gespräche ermöglichen und dann doch zu mehr Verstehen führen" (292) – so die Vf.

Die abschließende Anwendung des Erarbeiteten auf den LWB-Diskussionsprozess zur Homosexualität ist m. W. die bislang ausführlichste Auswertung der zugänglichen Quellen und Darstellung dieser Debatte. Ein Augenmerk liegt dabei auch auf den „Themen, die sich unter dem Diskussionsprozess verbargen" (364), wie z. B. Schrifthermeneutik oder Autonomie versus Gemeinschaft. Dies hilft zu erklären, warum sich gerade am Thema Homosexualität so heftige Kontroversen entzünden. Getragen sind diese Ausführungen von der Hoffnung der Vf., dass der LWB für seine einzelnen Mitgliedskirchen ein Modell dafür wird, dass „versöhnte Verschiedenheit tatsächlich möglich ist" (382).

Einige Rückfragen an die Methodik und Durchführung der Studie seien allerdings erlaubt:

Es besteht ein Ungleichgewicht zwischen zusammenfassender Darstellung und eigener Analyse. Im Vergleich zu dem sehr langen Anlaufweg, in dem Forschungsstand unterschiedlicher Themenfelder und methodisches Handwerkszeug vorgestellt werden, fällt die den wissenschaftlichen Diskurs voranbringende Weiterbearbeitung des Forschungsgegenstandes deutlich kürzer aus. So begrüßenswert der breite Werkzeugkasten der ersten acht Kapitel ist, gerät bei manchen Stichworten die Darstellung des derzeitigen Diskussionsstandes etwas zu vorhersehbar und langatmig, wenn sich die Arbeit an ein informiertes Fachpublikum wenden will. Allerdings: Angesichts der Behandlung sehr unterschiedlicher Diskurse auch jenseits der Theologie wird kein Leser/keine Leserin in allen Debatten gleichermaßen firm und daher dankbar für manche ausführlichere Darstellung sein. Insgesamt wird daher wohl keine Einigkeit zu erzielen sein, wo auf den ersten 300 Seiten gestrafft hätte werden können.

Bedauerlich ist des Weiteren, dass ausgerechnet im theologisch-ekklesiologischen Kapitel weitgehend darauf verzichtet wird, ein größeres Spektrum an Positionen vorzustellen, obwohl Pluralismus als ein Kennzeichen des Protestantismus beschrieben wird. Vielmehr wird jeweils nur ein Ansatz als lutherische Position (z.B. bei den Stichworten Schriftverständnis oder Lehrautorität) vorgestellt. So kommt hier letztlich nur deutsche Theologie zu Wort.

Es fällt zudem auf, dass gelegentlich die verwendete Literatur nicht dem aktuellen Standard oder Kenntnisstand entspricht. Hier ist z.B. Verwendung des Kompendiums der Kirchengeschichte von Heussi oder der alten Edition der lutherischen Bekenntnisschriften (BSLK von 1930/1982[9] statt BSELK von 2014) zu nennen.

Schließlich eine letzte methodische Rückfrage: Da sich die Vf. erst ab Kapitel 9 dem LWB direkt zuwendet und erst hier die im LWB entstandenen Studien und sonstige Veröffentlichungen heranzieht, kann der Eindruck entstehen, als hätte sich der LWB bislang nicht an den in Kapiteln 2–8 beschriebenen Diskussionen beteiligt und diese müssten erst neu an ihn herangetragen werden. Dabei werden im LWB natürlich seit Jahren Themen wie Bibelhermeneutik, Öffentliche Theologie, die Intensivierung der

Communio, polyzentrische Macht-verteilung oder Möglichkeiten ge-lingender Kommunikation intensiv diskutiert.

Zusammenfassend ist jedoch festzuhalten, dass die Vf. mit ihrer Arbeit einen lesenswerten und gut lesbaren Beitrag leistet, die Wahr-nehmung für eine zentrale ökumeni-sche Herausforderung zu schärfen und Wege aufzuzeigen, wie interkul-turelle Kommunikation im Dienste der Einheit der Kirche besser gelin-gen kann. Es lohnt sich für alle, die an der Fortentwicklung und Intensi-vierung der lutherischen Gemein-schaft (oder jeder anderen Konfessi-onsfamilie) interessiert sind, sich mit den Anregungen dieses Buches auseinanderzusetzen.

Oliver Schuegraf

ÖKUMENISCHER
PILGERWEG FÜR
GERECHTIGKEIT UND FRIEDEN

Susan Durber und *Fernando Enns,* Walking Together. Theological Reflections on the Ecumenical Pilgrimage of Justice and Peace. WCC, Genf 2018. 176 Seiten. Br. EUR 17,00.

Als die Vollversammlung des Ökumenischen Rates der Kirchen bei ihrer Vollversammlung in Busan 2013 beschloss, den Mitgliedskir-chen den „Pilgerweg der Gerechtig-keit und des Friedens" ans Herz zu legen, haben einige Beobachter die

Befürchtung geäußert, es handele sich dabei lediglich um eine neue Variante der sattsam bekannten Tendenz der „Genfer Ökumene", immer wieder neue Programme in die Welt zu setzen und alte beiseite zu schieben. Nun haben Susan Dur-ber – die reformierte Pfarrerin aus England ist Moderatorin der Kom-mission für Glauben und Kirchen-verfassung – und Fernando Enns „theologische Überlegungen" vor-gelegt, die das programmatische Ge-wicht und die langfristige Bedeu-tung einer „Pilgrimage of Justice and Peace" beleuchten.

Es empfiehlt sich, das Buch so-zusagen von hinten zu studieren, denn die drei Anhänge (ab 141), also die Erklärungen von Busan so-wie eine ausführliche Erarbeitung der Kommission von Glauben und Kirchenverfassung vom Juni 2017 markieren den Ausgangspunkt. Auf diesem Hintergrund zeigen die drei-zehn Beiträge dieses Bandes nicht nur eine große regionale und kon-fessionelle Vielfalt, sondern sie las-sen auch konzeptionelle und prakti-sche Vorzüge erkennen, die sich mit „Pilgrimage" eröffnen. (Das deutsche Wort „Pilgerweg" müsste m.E. um den Ausdruck „Pilger-schaft" ergänzt werden, um die Bandbreite des englischen Begriffes zu erfassen.)

So unterstreicht zum Beispiel Susan Durber (55 ff), dass „Pilgri-mage" die tiefe Leiblichkeit des christlichen Glaubens erkennen lässt und damit die in westlichen

Kirchen vorherrschende „Innerlichkeit" des christlichen Glaubens überwindet. Der Anglikanische Bischof Mark McDonald aus Kanada verweist auf die Tradition des „Heiligen Weges", der bei indigenen Völkern Nordamerikas gebräuchlich ist, und folgert daraus, dass alle Kirchen sich intensiver auf ihr Unterwegs-Sein besinnen sollten (3 ff). Dieser prozessuale Aspekt wird von der brasilianischen Kommunikationsforscherin Magali do Nascimento Cunha betont, die angesichts der immer bedrückender werdenden „Kultur der Konvergenz" auf die Bedeutung und das Recht der Verschiedenheit im menschlichen Miteinander verweist (91 ff). Diese Unterschiedlichkeit mit der Leitidee der Harmonie zu verknüpfen, unterstreicht Feleterika Nokise und verweist damit auf ein Grundkonzept der Völker im Pazifischen Raum (67 ff). Aufschlussreich und wegweisend ist auch der Hinweis des katholischen Theologen William Henn auf Papst Franziskus, der das gemeinsame Unterwegs-Sein der Christen als eine Einübung in gemeinsames Vertrauen und greifbare Annäherung betrachtet (28 ff).

Es ist nicht möglich, alle Beiträge zu würdigen. Bei einigen Texten fällt die Tendenz ins Auge, den Gedanken der Pilgerschaft theologisch so stark zu verallgemeinern, dass damit das Unterwegs-Sein im Glauben überhaupt bezeichnet wird. So nähern sich zum Beispiel die Beiträge der orthodoxen Autoren Tamara Grdzelidze (111 ff) und Marian Gheorghe Simion (78 ff) dem Konzept der „Seelenreise" zur himmlischen Vollendung, die an Bunyans „Pilgrim's Progress" denken lässt, einer Vorstellung, die von westlichen Autoren wie Durber nun gerade infrage gestellt wird.

Im Grunde geht es bei der Diskussion um „Pilgerschaft" um die Frage, wie Jüngerschaft und Nachfolge Christi heute aussehen. Fernando Enns erinnert an die Ermordung des mennonitischen Friedensaktivisten Michael Sharp im Kongo (März 2017), um darauf aufmerksam zu machen, mit welcher Radikalität nicht nur das persönliche Glaubenszeugnis gefordert ist, sondern dass auch die Bereitschaft der Kirchen zu einer „geistlichen Transformation" angesichts der gegenwärtigen Massivität von Gewalt und Unfrieden gefragt ist (43 ff).

Es ist also auf sehr vielfältige und nicht selten widersprüchliche Weise von dem Wesen der Pilgerschaft die Rede. Trotzdem wird deutlich, dass diese Leitidee eine bedeutsame kritische und verändernde Kraft besitzt. Umso merkwürdiger mutet es an, dass die beiden Stichworte „Gerechtigkeit" und „Frieden", welche diese Leitidee inhaltlich prägen sollen, relativ unbestimmt bleiben. Zwar fehlt es nicht an Hinweisen auf die zentrale Bedeutung dieser beiden Begriffe in der Bibel und der christlichen Tradition. Aber welche konkreten Aufgaben ergeben sich aus ihnen für

Weg und Praxis der Ökumenischen Bewegung im 21. Jahrhundert? Um nur wenige Fragen zu nennen: Welche Arbeit am Recht ergibt sich für uns aus dem Leitbegriff der Gerechtigkeit, insbesondere im Blick auf die Verzerrungen und Ungerechtigkeiten der globalen (Finanz)Märkte oder die wachsende militärische Aufrüstung weltweit? Und wie soll der Friede mit der Natur aussehen, wo die Menschheit sich doch de facto in einem Abnutzungskrieg mit ihr befindet? „Transformation" ist ein großes Wort. Und in der Tat hängt das Wohl der kommenden Generationen davon ab, ob es gelingt, die Umformung und Umgestaltung der ungerechten, gewaltförmigen und kriegerischen Verhält-nisse zwischen uns Menschen und mit der Natur vorzunehmen, und dies möglichst rasch. Die Kirchen der Welt können dazu beitragen, gerade weil sie ökumenisch vernetzt sind und insofern über die gewohnten Grenzen und Vorbehalte hinaus wirksam werden können. Insofern ist der Pilgerweg der Gerechtigkeit und des Friedens das Gebot der Stunde. Dafür sind die von Durber und Enns herausgegebenen „theologischen Überlegungen" ein erster Schritt, dem weitere Klärungen und dann eben auch praktische Absprachen folgen müssen.

Geiko Müller-Fahrenholz

Prof. Dr. Alexander Deeg, Universität Leipzig, Lehrstuhl für Praktische Theologie, Martin-Luther-Ring 3, 04109 Leipzig; Pfarrer Tobias Fritsche, Evangelisch-Lutherische Kirchengemeinde St. Lorenz, Innenstadtpfarramt, Burgstraße 1–3, 90403 Nürnberg; Prof. em. Dr. Albert Gerhards, Seminar für Liturgiewissenschaft, Kath.-Theol. Fakultät der Universität Bonn, 53012 Bonn; PD Dr. Kai Horstmann, Ittenbacher Str. 52, 53639 Königswinter; Bischof em. D. Dr. Christoph Klein, Consistoriul Superior al Bisericii Evangh. C. A, Str. Gen. Magheru 4, RO-550185 Sibiu; Pfarrerin Dr. des. Elisabeth Krause-Vilmar, Evangelisches Pfarramt Gronau, Kirchstraße 1, 61118 Bad Vilbel-Gronau; Erzpriester Radu Constantin Miron, Römerstraße 440 C, 50321 Brühl; Dr. Geiko Müller-Fahrenholz, Oberblockland 6, 28357 Bremen; Dr. Stefan Orth, Redaktion Herder Korrespondenz, Hermann-Herder-Straße 4, 79104 Freiburg; Henrike Rabe, Hellkamp 1, 20255 Hamburg; OKR Dr. Oliver Schuegraf, DNK/LWB, Podbielskistraße 164, 30177 Hannover; Burkard Severin, Eisbacher Straße 44, 53639 Königswinter; Pfarrer Dr. Marc Witzenbacher, Ökumenische Centrale, Ludolfusstraße 2–4, 60487 Frankfurt.

Foto Deckblatt: In Berlin-Kreuzberg wurde die katholische Kirche St. Agnes 2004 an eine evangelische Freikirche vermietet, 2011 an eine Verwertungsgesellschaft verkauft und 2012 beräumt (Bild: Pfarrei St. Bonifatius Berlin).

Thema des nächsten Heftes 1/2019:

Kirche und Geld

mit Beiträgen u. a. von Sabine Demel, Gerhard Hartmann, Thomas Kreuzer, Thomas Söding, Christoph Stiba, Chris Doude van Troostwijk

---

584 | **ÖKUMENISCHE RUNDSCHAU – Eine Vierteljahreszeitschrift**

In Verbindung mit dem Deutschen Ökumenischen Studienausschuss (vertreten durch Thomas Söding, Bochum) herausgegeben von Elzbieta Adamiak, Landau; Angela Berlis, Bern; Petra Bosse-Huber, Hannover; Daniel Buda, Genf/Sibiu; Amelé Ekué, Genf/Bossey; Fernando Enns, Amsterdam und Hamburg (Redaktion); Dagmar Heller, Bensheim; Martin Illert, Hannover (Redaktion); Ulrike Link-Wieczorek, Oldenburg/Mannheim (Redaktion); Viola Raheb, Wien; Johanna Rahner, Tübingen (Redaktion); Barbara Rudolph, Düsseldorf (Redaktion); Dorothea Sattler, Münster; Oliver Schuegraf, Hannover (Redaktion); Andrea Strübind, Oldenburg; Rosemarie Wenner, Frankfurt am Main, Marc Witzenbacher, Frankfurt am Main (Redaktion).

ISSN 0029-8654   ISBN 978-3-374-05723–8
www.oekumenische-rundschau.de

Redaktion: Marc Witzenbacher, Frankfurt a. M. (presserechtlich verantwortlich)
Redaktionssekretärin: Gisela Sahm
Ludolfusstraße 2–4, 60487 Frankfurt am Main
Tel. (069) 247027-0 · Fax (069) 247027-30 · e-mail: info@ack-oec.de

Verlag: Evangelische Verlagsanstalt GmbH
Blumenstraße 76 · 04155 Leipzig · www.eva-leipzig.de
Geschäftsführung: Sebastian Knöfel

Satz und Druck: Druckerei Böhlau · Ranftsche Gasse 14 · 04103 Leipzig

Abo-Service und Vertrieb: Christine Herrmann
Evangelisches Medienhaus GmbH · Blumenstraße 76 · 04155 Leipzig
Gläubiger-Identifikationsnummer: DE03EMH00000022516

Tel. (0341) 71141-22 · Fax (0341) 71141-50
E-Mail: herrmann@emh-leipzig.de

Anzeigen-Service: Rainer Ott · Media Buch + Werbe Service
Postfach 1224 · 76758 Rülzheim
www.ottmedia.com· ott@ottmedia.com

Bezugsbedingungen: Die Ökumenische Rundschau erscheint viermal jährlich, jeweils im ersten Monat des Quartals. Das Abonnement ist jeweils zum Ende des Kalenderjahres mit einer Frist von einem Monat beim Abo-Service kündbar.
Bitte Abo-Anschrift prüfen und jede Änderung dem Abo-Service mitteilen.
Die Post sendet Zeitschriften nicht nach.
Preise (Stand 1. Januar 2019, Preisänderungen vorbehalten):
Jahresabonnement (inkl. Versandkosten): Inland: € 42,00 (inkl. MWSt.),
Ausland: € 52,00 (exkl. MWSt.)
Rabatt (gegen Nachweis): Studenten 35 %.
Einzelheft: € 12,00 (inkl. MWSt., zzgl. Versand)

Die nächste Ausgabe erscheint Januar 2019.